잠재력을 깨우는
7가지 코칭 기술

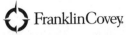

잠재력을 깨우는
7가지 코칭 기술

비즈니스를 위한
코칭 리더십 바이블

마이클 심슨 지음 | 한성희 옮김

 유엑스 리뷰

차례

서문

마셜 골드스미스 박사
Dr. Marshall Goldsmith

마이클 심슨이 쓴 이 책은 여러분이 훌륭한 코치가 될 수 있는 방법을 아주 잘 설명한 전문적인 내용을 담고 있다. 이 책에서 마이클은 여러분에게 더 좋은 매니저이자 코치가 되는 법을 알려준다. 결과적으로 여러분은 직원 및 조직과 더불어 더 번창할 수 있을 것이다. 또한 이 책을 통해 조직을 일정 수준으로 지도하는 데 필요한 패러다임과 주요 원칙을 배우게 될 것이다.

이 책은 내가 그동안 고위 간부들과 함께 일한 모든 경험, 그리고 코칭 경력을 통해 직속 부하가 불평하는 가장 큰 이유가 상사의 형편없는 지도 탓이란 사실을 밝혀냈다는 점에서 중요하다. 30개 대기업을 대상으로 한 다면평가에서 "필요시 효과적인 지도 제공"이란 항목은 직속 부하가 상사를 평가한 모든 항목 중에서 하위 10개 부분을 차지하며 이를 입증했다.

매니저가 지도를 잘하지 못하는 데에는 몇 가지 이유가 있다. 우선 임원들은 흔히 상사보다 자신의 일을 더 많이 아는 사람, 즉 지식근로자를 관리하고 있다. 상사보다 자기 일을 이미 10배 이상 더 많이 아는 사람을 어떻게 매니저가 지도할 수 있겠는가?

마이클은 이 책에서 모든 훌륭한 코치들이 사람들을 훌륭한 직원으로 바꾸는 데 도움이 되는 7가지 주요 기술을 보여준다. 그중에는 지식근로자가 일을 어떻게 잘해야 하는지를 자세히 알려주는 지시 사항은 전혀 없다. 나와 마이클은 사람들이 상사와 업무에 변화를 주는 "전체 상황"과 업무를 향상하는 방법에 대해 의견을 주고받으며 지속적으로

소통하길 원한다는 의견에 동의했다.

　매니저가 코칭을 피하려는 또 다른 이유는 자신의 일로 너무 바쁘기 때문이다. 여러분도 코칭이 너무 복잡하고 시간이 많이 소요되는 일이라고 생각하면 하지 않을 것이다! 또한 직속 부하도 여러분처럼 바빠서 시간이 소요되는 코칭을 원하지 않거나 필요 없다고 여길지도 모른다. 마이클이 지적하듯이, 직원들은 성과를 높이고 더 나아질 수 있도록 도움을 받고 싶어 한다.

　이 훌륭한 책에 담긴 마이클의 조언을 믿고 따라보라. 마이클은 여러분이 소외되지 않고 개인을 지도하게 도울 것이다. 그는 사람들이 과거에 연연하기보다는 앞으로 성공하도록 여러분이 도울 수 있는 방법에 집중하게 해주며, 여러분이 개인의 성공을 돕기 위해 경청하고 완전히 전념하는 대화, 즉 개인과의 코칭 대화법에 대해 알려줄 것이다. 여러분이 개인의 성공을 도우면서 얻게 될 귀중한 보답을 찾는 동안에 개인은 성장하고 발전할 것이다. 또

한 여러분의 팀과 조직은 결과적으로 무시하지 못
할 정도로 더 성공하게 될 것이다!

서문을 쓴 마셜 골드스미스는 베스트셀러인 《모조(MOJO)》와 《지
금의 모습으로는 앞으로 나아갈 수 없다(What Got You Here Won't
Get You There)》를 포함해 34권의 책을 쓴 작가이자 편집자이다.

들어가며

리더로서 성공하는 것은 어렵다. 리더의 성공은 팀에서 일하는 사람들의 성공에 달려 있으며, 실제로 팀원의 성공이 여러분의 성공이다. 팀원은 성공하려고 여러분에게 의지하며 여러분은 팀원에게 의지한다. 따라서 여러분이 기업의 최고경영자(CEO), 정부 관료, 부서장, 프로젝트 리더 또는 어떤 종류의 리더이든 간에 팀을 지도하는 법을 알아야 한다.

효과적인 코칭의 필요성은 지금 최고조에 이르러 있다. 갤럽 조사에 따르면 업무 참여도가 높은 팀은 그렇지 않은 팀보다 업무 성과와 성공 확률이 두 배나 더 높았다. 업무 참여도가 높은 직원이 더 높은 성과와 수익을 내며 업무에 충실하고 고객에게 집중한다. 또한 이번 조사에서 가장 중요한 사실은 직속상관이 직원의 업무 참여 수준에 가장 중요한 영향을 끼친다는 점이다. 그러기에 모든 리더나 매니저, 혹은 상사는 훌륭한 코치가 되어야 한다. 최소 비용으로 최대 효과를 얻어야 하는 이 시대에는 사람들의 역할이 분리될 수 있다. 코치의 기본 업무는 팀에 참여하는 것이지만, 많은 리더들은 그렇게 할 준비가 되어 있지 않다. 흔히 이런 리더는 경영, 재무, 회계, 영업, 판매, 마케팅, 공학, 법률, 과학 분야에서 엄청난 실무 기술, 기술적 노하우, 전문 기술, 훈련 경험을 보유하고 있다.

하지만 그들은 효과적인 코치가 되는 법을 모른다.

내 고객 중 한 명은 중국 상하이에 있는 주요 기업의 대표인데, 어느 날 코칭 도중에 이렇게 말했다. "나는 법대를 졸업했을 무렵에 최고의 학력과 분석력, 그리고 연구 성과와 법률적 지식을 갖추고 배출된 상태였습니다. 하지만 직원을 지도하는 법을 배우거나 그럴 준비를 하지 못했습니다. 첫날 함께 일해야 하는 상사도 있고 직속 부하나 동료도 있었지만, 그들에게 영감을 주거나 성과 향상을 돕거나 서로 간의 장벽을 허무는 법에 대해서는 결코 배운 적이 없었습니다. 내가 리더로서 하는 모든 일은 다른 사람과 함께 잘해야 했으며, 다른 사람과 함께 목표를 달성해야 하는 것들이었습니다. 또 내가 결정한 모든 일은 어떻게 하는지 한 번도 배운 적이 없던 것이었습니다."

나와 함께 일한 대부분의 임원과 팀은 이와 똑같은 말을 했다.

사람들이 지도를 받고 싶어 한다는 점은 아주 흥미로웠다. 얼마 전, 컬럼비아대학교 비즈니스 스쿨에서 1만 명을 대상으로 지도를 받고 싶은지와 그 이유를 묻는 설문조사를 실시했다. 거의 모든 사람들이 어느 정도의 지도를 기꺼이 받겠다고 대답했다. 30%는 "삶, 목적, 비전, 창의력, 성실성"을 돕는

들어가며

지도를 받고 싶다고 답했다. 17%는 "기업" 활동과 "팀, 판매, 문화 다양성" 문제에서 도움이 필요하다고 말했다. 16%는 "리더십과 관리"가 필요하다고 답했다. 8%는 "관계"에서 도움을 원했고, 다른 8%는 "경력 변경"과 "앞으로의 직무 계획과 경력 개발"에서 도움을 바랐다. 많은 사람이 행동 변화, 리더십 효과, 일과 생활의 균형을 꾀하는 데 도움을 청했다.

분명히 코칭은 단지 조직이나 팀에 대한 것이 아니다. 코칭은 사람에 대한 것이다. 그리고 준비했던 직업 교육보다 더 많은 노력이 필요한 엄청난 일이라고 느낄지도 모른다. 물론 여러분은 좋은 코치나 나쁜 코치가 될 수 있다. 거기에 여러분이 잘하는지 아닌지를 지켜보면서 알려주는 리얼리티 쇼의 심사위원은 없다. 하지만 이 책에 있는 몇 가지 중요한 보편적인 원칙을 따른다면, 여러분은 충분히 잘할 것이다.

우리가 매일 서로를 위해 알려주고 지지하는 많

은 것들이 코칭의 일종이다. 하지만 코칭에는 자문이나 조언 그 이상으로 특정한 일련의 역량과 기술과 행동이 있으며 어느 정도의 좋은 의도와 성격이 필요하다. 아마도 코칭의 가장 좋은 정의는 "다른 사람의 잠재력을 촉진하거나 발견하는 것"일지도 모른다. 우리는 인간의 잠재력이 정말 흥미롭게도 정말 무한하면서도 전적으로 개인적이기 때문에 이 정의를 좋아한다. 모든 사람들에게는 특유의 강점과 도전 과제가 있다.

우리 모두에게는 계속해서 도움을 주는 코치가 있으며, 그들은 십중팔구 단순한 상사나 트레이너 그 이상의 역할을 한다. 코치는 사업 습관과 성과뿐만 아니라 사생활과 개인 향상에 대해서도 말할 수 있다. 실제로 최고의 코치는 종종 동료, 배우자, 친구이다. 이들은 조직적인 발언 권한이 없어도 우리에게 조언과 충고를 해준다고 여겨지는 사람들이다.

결국 코칭은 한 사람의 사고방식, 마음, 행동에 긍정적인 영향을 끼치기 때문에 코칭을 받으면 이전

들어가며

과 전혀 달라진다. 코칭은 한 사람이 세상을 바꾸는 데 기여하도록 돕는 일이다.

가끔 코칭을 전혀 다르게 표현하면 코칭을 정의하는 데 도움이 된다.

- 코칭은 권위나 직위가 있다고 주변 사람에게 명령하지 않는다.
- 코칭은 사람을 "고치지" 않는다.
- 코칭은 의존성을 키우거나 "무제한 치료"에 빠지지 않는다.

코칭은 신뢰 관계 구축, 개인의 잠재력 활용, 책무 설정, 목표 실행에 관한 것이다. 신뢰, 잠재력, 책무, 실행. 이 책에서는 4가지 기본 원칙 또는 코칭의 현실과 적용 방법을 배운다. 이 원칙을 따른다면 지금보다 훨씬 더 효과적인 코칭을 하게 될 것이다.

'코치(coach)'라는 말은 문자 그대로 마차(coach), 즉 사람을 다른 장소로 옮기려고 말이 이끄는 데 사용되는 바퀴 달린 종류에서 비롯되었다. 1800년대 대학생들은 시험에서 자신들을 "이끌어 줄" 누군가를 찾곤 했는데, 성적을 올리고 학업에 전념하게 도와줄 거라고 믿은 이들을 비공식적으로 "코치"라고 불렀다. 코치로서 여러분이 할 일은 한 단계에서 다음 단계로 성과를 끌어올리게 돕는 것이다.

인생은 여러 시험과 험난한 시련과 엄청난 기회로 이뤄진다. 어떤 일은 순간적으로 획 지나가지만, 대부분은 인내심이 필요하다. 이는 미래의 순간을 결정하는 전문성 개발 단계이다. 모든 훌륭한 코치들이 개인과 팀과 조직의 성과 수준을 바꾸도록 도와주는 데 필요한 다음의 7가지 주요 기술을 알아본다.

① 신뢰 구축
② 패러다임 도전
③ 전략적 명확성 추구
④ 완벽한 실행
⑤ 효과적인 피드백 제공

⑥ 재능 활용

⑦ 중간층 이동

   스승인 스티븐 R. 코비(Stephen R. Covey) 박사의 말을 인용하자면, 코치는 타고나거나 만들어지지 않는다. 훌륭한 코치는 훌륭한 코치가 되고자 선택한다.

1부 코칭의 4가지 원칙

1

신뢰

효과적인 코칭은 모두 신뢰 구축, 잠재력 활용, 책무 설정, 실질적인 목표 실행을 기반으로 한다. 코치가 신뢰감도 없고 팀의 잠재력도 활용하지 못하며 다른 사람을 믿지도 않고 팀을 어떻게 이끄는지도 모르면서 가장 중요한 목표를 달성하지 못한 팀을 이끈다면, 그 코치가 어떻게 성공하겠는지 생각해보라. 코치의 성공은 모두 "내면화로부터" 비롯된 것이다. 코치가 내면화하지도 않고 귀감이 되지도 않으며 원칙에 따라 살지 않는다면, 실패할 것이다!

우리는 이번 장에서 각각의 원칙과 적용 방법을

살펴본다. 여러분이 원칙에 따라 살도록 스스로 "지도"할 수 있다면, 코치로서 자신의 방식으로 다른 사람을 잘 도울 것이다.

국제코칭협회(ICF)는 코치를 위한 몇 가지 윤리 규범을 펴냈다. 그중에서도 특히 전문 코치는 다음 사항을 준수한다.

- 개인의 안녕과 미래를 위해 진심 어린 관심을 보여준다.
- 개인적인 진실성과 정직과 성실을 꾸준히 입증한다.
- 신뢰를 유지한다.

모든 사람들은 이런 특징을 지닌 사람만을 믿을 수 있으며, 코칭의 최우선 조건이 신뢰라는 데에 동의한다.

물론 이는 전부 윤리적 특징이다. 우리는 이런 특징을 이해하고 이에 따라 살 의지가 있으며 심지어 다른 사람에게 가르쳐 줄 수도 있다. 우리는 이 모든 일을 할 수 있더라도 여전히 신뢰가 없다. 이런 특징이 귀감이 되고 우리 자신이 완전히 신뢰받을 수 있는 존재의 일부가 되었을 때뿐이다.

그저 권위만 있다고 해서 믿을 만한 코치가 되지는 않는다. 여러분이 코칭 하는 사람에 관심을 가질 때에는 기본적으로 진실성과 선의가 깔려있어야 한다. 진실성은 침범될 수 없으며, 신뢰를 유지한다는 각오는 확고부동해야 한다.

나는 한때 성장 잠재력이 확실한 회사에서 경영진과 함께 일하는 영업 및 마케팅 부사장직을 수락했던 적이 있다.

그 자리를 받아들이기 전에 몇 달마다 경영진이 영업 지도부와 직원을 바꿨다는 사실을 알아냈다. 나보다 앞서 그 자리를 가장 오래 유지했던 사람의 재직 기간은 겨우 8개월이었다.

곧바로 회사 직원들의 이직률이 높은 이유를 알았다. 바로 회사에 대한 신뢰가 낮고 직원의 사기가 저조했기 때문이었다. 회사의 최고경영자(CEO)는 겉보기에는 똑똑하고 열정적이며 의욕이 있는 것처럼 보였지만 많은 약속을 지키지 않았고 자신의 자존심 때문에 호들갑스럽게 화를 벌컥 내는 일이 잦았다. 급성장 중인 회사는 무서운 속도로 자금을 써버렸다. 모든 경영진, 특히 영업팀은 실적 달성에 엄청난 스트레스를 받았다.

그런데도 나는 회사의 밝은 전망에 들떴다. 분명한 영업 전략을 세운 후, 시장에서 회사의 기술을 차별화하고, 목표와 목적을 설정하고, 핵심 고객 대상의 서비스 지원을 향상함으로써 주요 고객과 판로를 활성화하기 위한 확실한 가치를 분명히 제시했다.

우리가 큰 성공을 거두고 얼마 안 있어 경영진 회의에서 오직 한 사람, 즉 최고경영자의 의견만이 중요하다는 사실을 알았다. 영업팀을 체계적으로 운영하려는 시도는 대개 무시되거나 차단당했다. 시급한 주간 간부 회의는 항상 손가락질과 하나하나의 지적으로 묻혀버렸다.

동료 한 명과 함께 큰 보수를 받게 될 계약을 체결하기 바로 직전에, 최고경영자는 우리 둘을 사무실로 부르더니 즉각적인 해고를 통보했다.

우리는 둘이서 벌어들인 수익과 고객 수수료가 적힌 보고서를 최고경영자에게 보여줬다. 그는 의자에 기대어 앉으며 씩 웃었다. "자네들은 그냥 직원이라는 점을 알려주지. 내가 원하면 누구든지 언제든 해고할 수 있지."

우리는 근로계약서에 따라 우리에게 보수를 줘야 한다고 주장했다. 그는 사무실에 있던 동료 임원에게 "당장 이들을 사무실에서 끌어내."라고 지시했다.

나는 마음이 진정되지 않았다. 그 정도의 부도덕

하거나 비윤리적인 행위를 보거나 겪은 적이 이전에 한 번도 없었다. 동료의 변호사 친구가 소송을 걸자고 제안했다. 앙갚음을 하는 것이 당연하다고 여겼다. 너무 화가 났고, 배신감을 느꼈다.

그러던 어느 이른 아침 내가 초조하게 고민하고 있을 때, 개인 코치를 하는 아내가 부드럽게 말했다. "당신이 이 소송을 걸지 말았으면 해요. 정말 부당한 상황이라는 것을 알고 있지만요. 당신이 해고 소송으로 1, 2년을 보내며 계속해서 그 상황을 다시 곱씹으면서 우리 집에 논란거리를 불러오기를 원치 않아요. 우리의 긍정적인 에너지는 과거를 지속적으로 되돌아보지 말고 미래를 향해야 해요."

아내는 극심한 고통과 부당한 상황에 대한 내 생각이 바뀌도록 계속 지도했다. 다른 사람이었다면 그 충고를 무시했겠지만, 아내를 믿기 때문에 그 말에 귀 기울여서 나를 사로잡고 있던 나쁜 상황을 떨쳐낼 수 있었다.

아내의 코칭은 내가 부정적인 상황을 새로운 기회로 삼을 수 있게 도왔다. 아내는 정말 많은 도움이 되는 여러 질문을 했다. "이번 일로 무엇을 얻었나요? 앞으로 나아갈 때의 이점이 무엇일까요? 정의를 추구하는 데 비용은 얼마나 들까요? 이전의 다른 영업팀 임원은 해고 소송을 통해 과거의 부당한 일이 해결되기를 진짜로 원했나요? 비관적인 상황에서 어떻게 앞으로 잘 나아갈 수 있죠? 어떤 이점들이 있나요? 앞으로의 경력이 어떻게 되길 바라나요? 당신의 가장 큰 장점과 재능과 열정은 앞으로 어디를 향해 나아갈 건가요?" 아내가 이렇게 매우 강력한 질문을 던졌을 때, 나는 더 나은 미래로 가는 다리가 되는 명확한 계획을 세우기 시작했다.

코치는 사람들이 처한 상황을 훨씬 잘 인식하도록 돕고, 그들이 재구성해서 앞으로 나아가는 새롭고 더 나은 방법을 창의적으로 찾도록 돕는 통찰력 있는 질문을 한다.

아내를 전적으로 믿었기에 나를 이끄는 아내의 조언을 기꺼이 받아들였다. 당연히 이 정도의 신뢰에는 오랜 시간과 서로에 대한 깊은 이해심이 필요하다. 직장에서 코치가 직원에게 그 정도의 시간과 관심을 내주는 경우는 거의 없겠지만, 그래도 높은 수준의 진정한 관심과 선의를 보이면서 아주 좋은 자극적인 질문을 할 수 있다.

여기서 여러분의 의도가 중요하다. 여러분은 사람들의 최고 이익을 가장 우선시하며, 그들에게 솔직하게 말해야 한다. 그리고 사람들의 말을 감정이입해서 듣고 그들 앞에 있는 선택을 보고 찾게 도우면서 사람들에게 존경심을 보여준다. 이는 인격, 즉 여러분의 인격 문제이다. 진정한 관심을 보일 수 없거나 정신이 딴 데 팔려 있거나 마음에 다른 중요한 일이 있다면, 코칭을 그만둬라. 그 사람의 삶, 리더십, 경력이나 성과의 문제에 오로지 집중하려면 코칭 대상과 그 순간에 같이 있도록 훈련하라. 목표는 그들의 문제이지 여러분의 문제가 아니다.

프랭클린코비(FranklinCovey)는 5만 4천 명이 넘는 사람들을 대상으로 훌륭한 리더의 기본 자질을 확인하고자 설문조사를 했다. 전 세계의 응답자들은 진실성이 단연코 첫 번째 자질이라고 답했다.

스티븐 코비(Stephen M.R. Covey)는 설문조사를 통해 고객, 사업 파트너, 투자자, 동료 등 모든 주요 이해관계자와 신뢰를 쌓고 넓히고 되찾는 능력이 새로운 세계 경제의 주요 리더십 역량인 것을 확인했다. 왜 모든 리더십 역량에서 신뢰가 가장 중요할까? 신뢰는 다른 모든 역량과 함께 성공을 이끌고 가능하게 만든다.

스티븐 코비는 두 회사인 코비 리더십 센터와 프랭클린 퀘스트사의 합병 인수를 도왔다. 두 회사 간의 합병은 많은 문제로 아주 힘들고 어려움이 많았다. 오랫동안 서로 경쟁했던 전혀 다른 두 회사의 문화를 조정하고 전략, 구조, 가치, 의사소통 방식 등을 합쳐야 했기에 불신이 팽배했다. 프랭클린코비는 합병하는 동안 불신에 놓여 있다가 몇 년 후에 높은 신뢰를 쌓아가면서 세계에서 가장 우러러보고 신뢰성 있는 리더십 개발 회사가 되었다. 스티븐 M. R. 코비(Stephen M.R. Covey)는 대부분 합병 기간에 느낀 신뢰와 불신을 통해 세계적인 베스트셀러인 《신뢰의 속도(The Speed of Trust)》를 썼다. 여러분은 스티븐 코비와는 정반대로 회사를 운영한 대표의 이야기가 떠오를 것이다.

이전 상사는 아주 산업적이고 권위적인 접근 방식으로 리더십을 행사했다. 그는 가치를 더했다고 느낀 간편하고 단기적인 방식으로 편의상 행동했지만, 데이터, 잘못된 정보, 정치 공작, 두려움, 협박 작전, 사람과 데이터 조작 등을 통해 주변 사람에게 영향을 미쳤다. 그는 이사회와 경영진을 아주 잘 관리했지만, 조직 대부분의 사람을 아주 무시했다. 두 리더십 간의 큰 차이를 되돌아보면, 스티븐 코비는 아주 진실한 사람이었고, 좋은 의도와 훌륭한 역량을 갖추었으며, 지속적으로 매우 좋은 결과를 내놓았다.

이전 상사는 진실성이 부족하고 이기적이며 직속

부하와 직원의 능력과 열정을 고취하지도 이끌어내지도 못했다. 그는 아주 잘나고 똑똑하고 임기응변이 좋았지만, 조직 내의 사람들이 그를 신뢰하지 않았기 때문에 지속적인 결과를 낼 수 없었다. 스티븐 코비와 함께 일한 사람들은 그가 주변 사람들을 진심으로 보살피고 공감하고 진실하게 대하며 그들을 믿고 서로에게 좋게 행동한다는 사실을 알았다. 그는 팀원의 강점을 활용하고 구축해서 향상하고 다른 이들의 좋은 점을 보며, 그들의 기여에 대해 진정한 가치와 보상을 주는 데 주력했다.

결과적으로 그와 함께 일한 사람들은 신뢰감과 헌신적인 동료의식을 느끼면서 업무에 전적으로 참여했고 열심히 일해서 뛰어난 결과를 낳고 싶은 동기 부여를 받았다. 유명한 농구감독인 존 우든(John Wooden)은 "뒤에서 채찍을 휘두르기보다는 앞에서 응원하는 리더가 되고 싶다."라는 말로 잘 알려져 있다. 일부 리더는 아이들 놀이인 "두더지 잡기"를 하듯 사업을 운영한다. 그런 사람은 야구방망이를 뽑아서 일을 잘한 사람을 찾기보다는 못한 사람을 찾아서 머리를 계속해서 꽝꽝 내리친다. 이들은 직원을 불친절하고 무례하고 함부로 취급함으로써, 그들을 때리고 자존심을 부숴버리고 사기를 꺾고자 한다. 대부분의 이런 일들은 리더가 정서지능이 부족하고 인격적 자아나 확신이 없기 때문에 생긴다.

대형 자동차 회사에서 간부들과 함께 일한 한 임원 코치는 신뢰를 유지하는 힘을 배웠다. 그 코치는 아주 경험이 많고 기술적으로 능숙한 리더로 이뤄진 소그룹과 함께 일하는 업무를 맡았다. 그런데 그들의 기술적 전문 지식은 사람들을 관리하는 기술보다 훨씬 뛰어났다. 이들은 경쟁사가 기술적인 문제로 얻지 못한 기회를 잡아서 사업을 엄청나게 성공시켰다. 하지만 높은 성장은 직원에게 큰 부담을 줬으며, 대인관계가 좋지 않고 정서적 지능이 부족한 고위 경영진 때문에 어느 정도 부담이 되었다.

임원 중 한 명은 거칠고 무뚝뚝하고 대놓고 무례

했으며 정말 마지못해 코칭을 받았다. 과정이 3주째 접어들었을 때 그룹 코칭 보고 시간에 그를 화나게 하는 말이 나왔다. 그는 코치를 지적하며 아주 공격적으로 반응했다. 그 코치는 원칙에 따라 진실성을 유지하며 똑같이 대응하지 않았다.

그 순간, 모든 것이 바뀌었다.

그 후 무례하게 굴었던 임원은 개인적으로 그 코치와의 면담을 요청했다. 그는 코치가 스스로의 감정을 엄격히 통제하며 스트레스를 받는 상황에서 대처한 방법에 큰 감명을 받았으며, 이제 관계를 형성하기 시작하면서 어떻게 자신이 편안해졌는지를 말했다. 그는 자신의 경력과 삶, 그리고 성공과 실패에 대해 말했다. 그는 거친 겉모습과는 달리, 실제로 앞으로 더 나은 길을 찾는 데에 도움을 구하고 있었다.

그 코치는 아주 개인적인 부분이 드러나리라는 점을 알리고, 대화는 전적으로 비밀로 유지된다는

1장 • 신뢰

점을 분명히 했다. 그 임원은 "알고 있어요."라고 말했다. "코치님이 다른 사람과 일하는 모습을 지켜보았습니다. 코치님이 어떤 이야기를 어떻게 공유하는지를 듣고서 다른 사람들에게 했던 것처럼 나와 내 이야기도 조심스럽게 대해주실 거라는 확신이 들었습니다."

다른 사람에게 가까이 다가가는 데에는 깊은 신뢰가 필요하다. 이는 결코 가벼이 취급해서도 안 되고 항상 현명하고 전문적으로 다뤄야 한다. 사람들이 상처받기 쉬운 상태를 드러냈을 때, 코치는 개인 정보를 엄격하게 비밀로 유지해야 한다. 비밀 유지는 코치 역할에서 가장 중요한 부분이며, 진정으로 훌륭한 코칭의 생명선은 절대적인 비밀 유지다.

신뢰는 얻는데 힘들지만 잃기 쉽다. 신뢰를 얻으려면 몇 주 내지 몇 달간의 조심스럽고 주의 깊은 시간이 걸리는 반면에, 한번 깨진 약속, 냉담한 행동, 악의적인 조작, 또는 허물어진 단 한 번의 신뢰로 모든 것을 망쳐버릴 수 있다.

이것이 신뢰가 코칭의 첫 번째 원칙인 이유이다.
모든 효과적인 코칭은 신뢰를 얻기 위한 많은 책임
을 이해하는 데에서 시작된다.

2

잠재력

모든 코칭은 사람마다 다르다. 즉, 코칭 안건은 항상 코칭을 받는 사람에 의해 좌우된다는 뜻이다. 조직은 리더가 더 성공하거나 경우에 따라 리더나 매니저로 고정되도록 내부나 외부 코치에 종종 관여한다. 하지만 조직이 항상 조직의 전략과 목적을 향상시키는 데 관심이 있더라도 코칭은 항상 일대일로 이뤄지는 개인 활동이다.

맞춤 양복점처럼 딱 맞춰주는 좋은 코치는 개인이 원하는 바를 찾아 각각의 기준에 따라 적용한다. 좋은 코치는 "기성복"처럼 꽉 짜인 틀에 누군가를 맞추려고 하지 않는다. 좋은 코치는 개인의 비전에서 출발해서 개인이 그 비전에 도달하는 데에 가장 중요한 것을 최우선으로 두도록 이끌어준다.

코칭은 개인의 잠재력을 찾아 성장시켜 그들과 조직에 중요한 목표를 성취시키는 것이다. 코칭에는 모든 사람이 출발 지점에 상관없이 성장할 수 있으며 더 나은 존재가 될 잠재력을 지니고 있다는 가정이 깔려있다. 누군가는 다른 사람보다 훨씬 더 애써야 하겠지만, 누구나 처음에 불가능하리라고 느꼈던 새롭고 더 나은 일을 이룰 수 있다는 점은 사실이다.

개인의 우선 사항과 잠재력과 목표를 이해하는 데는 시간이 걸리며, 각 고유성을 활용할 수 있으려면 듣고 관찰하고 반영하고 접근 방식을 특화할 필요가 있다.

우리는 먼저 개인의 이야기와 맥락과 관점을 이해한다. 그다음에 필요하면 그 사람의 잠재력이 실현될 수 있도록 관점을 다시 구성하게 도와줄 수 있다.

모든 사람들은 어떤 삶을 살았는지, 지금은 어떤지, 일주일이나 일 년 내지 앞으로 5년 내에 어떤 곳에 있고 싶은지 등의 이야기를 품고 있다. 이런 이야기는 잠재력에 대해 알아야 하는 많은 것들을 알려준다. 이야기는 그들이 중요하게 여기는 것, 바라고 두려운 것, 지속하는 것 등을 보여준다. 또한 이런 이야기는 주요 관계와 고객과 시장이나 기업과 팀에서 보이는, 채워지지 않는 요구나 장벽이나 기회에 초점을 맞출 수 있다. 설문조사, 다면평가, 동료의 인터뷰, 경력 등이 사람의 이야기를 밝히는 데 도움이 되지만, 그들의 입으로 꿈과 희망과 소망, 실망과 실패와 두려움을 직접 듣는 것만 못하다.

좋은 코치는 개인적인 이야기를 옆으로 제쳐두고, 그 사람의 이야기가 지닌 힘과 잠재력에 귀 기울이고 함께하며 느끼는 데에 완전히 전념해야 한다. 관계가 점차 무르익어감에 따라, 고통, 실망, 좌절, 잘못된 노력이 겹겹이 쌓인 후에 더욱 객관적이고 공정한 관점으로 명확하게 그 사람의 이야기를 되돌아볼 수 있다.

코칭 고객 중 한 분은 모든 것을 털어놓았다. "우리는 문을 닫고 직장 생활뿐만 아니라 긍정적으로 진행되는 일과 부정적으로 진행되는 일에 대해 이야기합니다. 저는 안전하다고 느껴요. 우리는 내가 도움이 필요한 곳, 상사와의 갈등, 회사 가치와 완전히 상반된 행동을 하는 사람들이 있는 회사 문화에 대한 불만을 이야기합니다. 참을성이 없고 멍청하다고 생각하는 사람에게 무례하게 구는 내 단점에 대해서도 말해요."

가장 단순한 수준에서 코칭은 한 사람에게 완전히 집중하는 과정이다. 사람들은 관심을 받으면 환하게 빛이 난다. 심지어 어린 시절에도 사람들은 개인적 관심과 존중과 긍정적인 피드백에 본능적으로 반응한다. 어른이 되어도 사람의 반응을 필요로 한다. 정말로 귀 기울이고 다른 사람들이 듣고 있다는 사실을 알 수 있을 때, 사람들은 마음을 열고 더 많이 함께하면서 수년간 자신을 방어와 배신이나 절제로 억눌렀던 잠재성을 드러내기 시작한다.

그래서 훌륭한 코치는 사람의 존재 자체가 기적이라는 점을 확인하고, 한계보다는 각 개인이 할 수 있는 가능성을 제시하는 적극적인 경청자이다. 코치는 무언가를 반영하고 가능케 하며 크게 키운다. 코치는 미래 행동을 위한 긍정적이고 고무된 전략을 내놓기 위해 개인과 협력해야 한다. 코치는 기본적인 코칭 원칙과 실행을 고수하는 "코칭의 존재," 즉 개인과 그 순간 함께 있다는 자체가 기술이나 방식보다 더 중요하다. 코치는 개인에 대한 질의조사와 옹호 간의 균형을 잘 맞추어야 한다.

훌륭한 코치는 마음으로 감정을 듣고, 귀로 내용을 들으며, 말로 하지 못하는 시각적 단서를 눈으로 들어서 정보를 모은다. 정말로 효율적인 코치는 아주 사소한 단서도 콕 집어낸다. 효과적인 코치가 이뤄지면 마음과 마음으로 소통하게 된다.

관점

말했듯이 최고의 코치는 이야기 구성 자체 그 이상을 듣고 관찰하면서 배운다. 그들은 그냥 말을 넘어서서 나오는 행동의 표출에 관심을 둔다. 말로 하는 내용뿐만 아니라 육체와 감정적 내용을 세심히 살피면 코치를 더 잘하게 된다.

여러분은 코칭 시간 동안에 모든 감각에 의존하는 법을 배워야 한다. 가끔 코칭 대화중에 개인은 중요한 정보를 누설하지 않더라도 솔직한 이야기를 할지도 모른다. 그런 경우, 좋은 코치는 비언어적 단서를 통해 정보와 통찰에 대한 "말 그 이상을 보는 법"을 배움으로써 소리보다 다른 감각에 의존해야 한다.

다음과 같은 행동을 지켜보라.

- 신체적 행동. 하품, 눈 내리깔기, 시선 피하기, 손과 팔의 제스처, 팔짱 끼기 등.

- 언어적 행동. 언어 유형, 어조, 주요 문제 회피, 반복적인 언급, 또는 대화에서 계속 나오는 같은 화제나 주제가 전부 언어적 행동이다. 특정 사람, 사건 또는 감정으로 계속 돌아가는 사람은 그 주제가 그 사람의 이야기나 관점을 지배하는 특징일 수 있다는 신호이다. 또는 특정 사건, 사람이나 감정에 대해 말하는 것을 피하는 것도 신호가 될 수 있다.

- 감정적 행동. 서사적 요소는 특히 강하거나 놀라운 감정적 반응을 불러일으킬 수 있다. 관찰하게 되면, 이런 요소는 전체 인생 이야기에서 단순히 하나의 경험을 넘어선 감정적인 단서이다. 사람들은 그 경험을 했던 순간이 전체 이야기에 얼마나 많은 힘이나 영향력을 끼쳤는지를 관찰한 코치에게 말할 수 있다.

스포츠 경기장에서 쌍안경으로 바라보면, 곧바로 "관점"의 개념을 파악할 것이다. 쌍안경이 있으면 가장 싸구려 좌석인 경기장 최상층에 앉더라도 지면 높이의 가장 좋은 좌석에 앉아있는 것처럼 경기를 관람할 수 있다. 경기 자체를 바꾼 것이 아니다. 오히려 관점 또는 시각이 경기를 보는 렌즈를 통해 조정된 것이다.

코칭에서 개인의 관점은 도움이 되거나 해로울 수 있다. 어떤 이들은 너무 비판적이거나 부정적인 관점이 있으며, 다른 이들은 너무 긍정적이다. 일부 코칭 대상은 열정과 자신감이 너무 넘쳐나서 자신의 잠재력이 무한하다고 여기기 때문에 어려움을 겪는다. 다른 이들은 너무 소심하고 자신의 잠재력을 깎아내린다.

때때로 관점은 이야기 자체의 요소에서 분명해지고, 때때로 그렇지 않기도 하다. 여러분은 더 잘 이해하고자 조심스럽게 조사할 필요가 있을 수 있다. 여러분은 공감하며 들으면서 그렇게 한다. 공감은 조언이나 충고, 대답, 반박, 개선, 판단, 해결, 변화, 동의, 의견 충돌 또는 그 사람에 대한 이해를 위해 귀 기울이는 것이 아니다. 공감은 그 사람이 느끼고 경험하고 말하는 것을 정확히 반영하는 능력이다. 훌륭한 코치는 사람들이 그저 이해받는다고 느끼는 안전한 환경을 조성한다.

패러다임 도전

사람이 생각하는 모든 면을 칠한 깊이 자리 잡은 견해를 "패러다임"이라고 부른다. 한 사람의 패러다임은 현실과 일치하거나 그렇지 않기도 있다. 여자가 너무 감정적이라는 패러다임이 있는 남자는 여자와 일하는 것이 힘들지도 모른다. 남자가 통제적이고 지배적이라는 패러다임이 있는 여자는 남자와 일하는 것이 힘들 수 있다. 돈에만 의욕이 생기는 사람은 개인의 성장, 균형, 성취 등 다른 부분에는 관심이 없을지도 모른다.

패러다임은 우리에게 도움이 되거나 해가 될 수 있다. 패러다임은 우리가 잠재력을 발휘하지 못하게 제한할 수 있기에 자신을 만족시키는 예언이 될 수 있다. 사람들은 실패를 좌절로 받아들이기 때문에 실패를 두려워한다. 또한 그들은 위험을 회피하

2장 • 잠재력

고, 혁신을 추구하거나 실수나 실패를 한 사람을 방해하고 평가하기도 한다. 결국 이들은 점점 성공에 도전하지 않게 되면서, 그들의 잘못된 패러다임은 "사실"이 된다.

코치는 사람들이 패러다임에 도전해서 바뀌게 도와줄 수 있다. 코치는 과거에 어려움을 겪은 사람을 위해 힘든 시기를 되돌아보고 긍정적인 렌즈를 통해 그 경험을 다시 구성하도록 도와줄 수 있다. 코치는 "이런 힘든 경험이 어떻게 나한테 유용할까? 경험을 통한 성장이나 학습 기회는 무엇일까? 그 상황을 바꿀 수 있다면, 앞으로 이상적인 상황은 어떤 모습일까?" 등을 개인이 질문하게 도와줄 수 있다.

캐롤라인 케이시(Caroline Casey)는 17세가 되자 운전면허증을 신청하려고 했다. 문제는 캐롤라인이 시각 장애인이라는 사실이었다. 캐롤라인은 시각 장애를 장애라고 전혀 인식하지 못했기에 담당 직원이 면허를 신청하는 자신을 비웃자 당황스러웠다. 캐롤라인의 패러다임은 자신이 장애인이 아니라는 점이다. 캐롤라인의 부모는 그녀에게 결코 장애인이라고 말한 적이 없었기에, 캐롤라인은 다른 사람이 할 수 있는 일이라면 자신도 무엇이든 할 수 있다고 믿었다. 그러기에 그녀는 다르게 배울 수 있었다.

캐롤라인은 한쪽 길이 막히자 다른 길을 선택했다. 그녀는 인도로 가서 면허증이 필요 없는 코끼리를 타고 전국을 다녔다. 그다음에는 80개의 다양한 이동수단을 이용해 세계 일주를 했다. 오늘날 캐롤라인은 기업의 장애인 채용이 더 나은 방향으로 바뀌도록 돕고 있다.

코치로서 여러분의 일은 잠재력 달성을 방해하는 패러다임을 바꾸도록 개인을 돕는 것이다.

작고한 컴퓨터공학 교수인 랜디 포시(Randy Pausch)는 죽음이 임박한 순간에 삶에 대한 교훈을 남겼다. 랜디는 46세의 나이에 췌장암으로 몇 달밖에

안 남았다는 의사의 진단을 받고서, 삶의 마지막 모든 순간을 이용하기로 결정했다. 그는 미 국회에 초청받아 암 연구가 더 많이 이루어져야 한다고 연설했으며, 카네기멜론대학교에서 "어린 시절의 꿈을 실제로 실현하는 법"에 대한 긍정적인 강의를 했다. 그리고 46개국 언어로 번역된 밝고 진취적인 책인 《마지막 강의(The Last Lecture)》를 써서 85주간 뉴욕타임스 베스트셀러 목록에 올렸다.

대부분 좌절을 실패의 징조로 여긴다. 이는 잘못된 패러다임이다. 사람들이 전체 숙달된 구조에서 자신의 결함을 인지하게 여러분이 도울 수 있다면, 그들은 그 패러다임을 극복할 수 있다. 랜디 포시의 사례는 사람들이 관점을 바꿔서 가장 큰 도전을 기회로 바꿀 수 있음을 보여주었다.

코치가 패러다임에 도전하도록 도와줄 때, 사람들은 삶이나 상황을 더 기꺼이 책임질 수 있다. 그들이 패러다임을 현실에 맞추려고 배울 때, 잠재력 실현을 막았던 많은 장벽이 떨어져나가기 시작한다.

정신과 의사인 데이비드 번즈(David Burns)는 비현
실적인 패러다임을 토대로 한 몇 가지 공통된 사고
형태를 확인했다. 사람들은 〔"그는 항상(또는 결코)
내 요청에 반응하거나 결코 반응하지 않는다"〕와
같이 양자택일 식의 절대주의적 사고로 곧바로 결
론짓거나, 〔"그녀는 전부 인정받기 원하기 때문에
그 프로젝트에서 나를 도왔을 뿐이다"〕와 같이 긍
정적인 경험을 무시한다. 코치는 이런 추측에 맞서
고 가치와 의도를 시험하며 개인이 자신과 상황을
더 현실적인 관점으로 나아가도록 돕는다.

고객 중 한 분은 스트레스와 관련된 건강 문제로
힘들어했으며, 불안 증세로 스트레스를 관리하는
코칭을 찾아보라는 의사의 제안을 받았다. 헌신적
인 아내이자 엄마이기도 한 그녀는 남미에서 비영
리단체를 이끌었고 크게 성공한 사람이자 다른 사
람의 귀감으로 여겨졌다. 하지만 그녀는 심한 고통
을 일으키는 두려움과 의심에 시달렸으며, 가끔 갑

자기 몇 시간 동안 아무것도 할 수 없는 상태에 놓인 자신을 발견했다.

코칭 시간 동안에 그녀는 어린 시절의 기억을 이야기했다. 그녀는 사랑받으면서 자랐지만, 질병과 과도한 걱정에 둘러싸여 자랐다. 가족 중 한 명이 태어나면서 20대에 죽을 때까지 오랫동안 불치병으로 힘들어하는 모습을 지켜보았다. 그런 경험이 어른이 된 그녀의 삶에서 스트레스 반응에 암울한 영향을 끼쳤다.

그녀는 코칭을 받고 긍정적이고 확신이 찬 혼잣말을 연습한 후, 비영리단체에서 자신이 하는 일이 중요하다는 것을 입증하는 데 초점을 두기 시작했다.

더 많은 빛을 두려움에 비출수록 더 많은 두려움이 흩어지면서, 각각의 부정적인 생각이 나타날 때 이를 날려 보내고 없앨 여지를 준다. 그녀는 두려웠지만, 부정적인 과거와 힘든 인생 경험을 겪었어도 이제 용기를 받아들이고 긍정적으로 삶을 이어갈 수 있다.

우리는 다른 렌즈로 세상을 바라보고 상상함으로써 패러다임에 도전한다. 사람들이 자신에게 말하는 부정적인 이야기나 우리가 말하거나 스스로 믿는 부정확한 이야기보다 전혀 다르고 더 나은 이야기를 마음속에 그리려면 상상력이 필요하다. 코치는 사람들이 한계로 타버린 잿더미 대신에 자신의 잠재력이 맺는 결실을 보기 시작하도록 도와줄 수 있다. 코치는 그 상상력을 북돋고 지지하고 터뜨리도록 도와줄 수 있다.

3

책무

단기간에 사람들에게 동기를 부여하기란 쉬운 일이다. 설득력 있는 격려의 말, 즉각적인 보상, 다급한 위협 등의 모든 외부적 자극으로 사람을 움직일 수 있다. 하지만 그런 자극은 오래가지 않는다. 다급한 상황이 지나가면 동기도 같이 사라진다. 오래 지속되는 유일한 책무(전념하는 일)는 내부적 책무이다.

이것은 지속적 책무 설정이 효과적인 코칭의 또 다른 주요 원칙인 이유이다.

하지만 코치가 어떻게 개인에게 책무를 부여할까?

당연히 여러분은 다른 사람에게 책무를 요구할 수 없지만, 그들 스스로 이루고 싶은 목표에 전념하는 환경을 조성할 수 있다.

책무 설정의 주요 기술은 매우 효과적인 코칭 질문을 하는 것이다.

존경받는 임원코치인 매릴린 아담스(Marilee Adams)는 《질문을 바꾸면 인생이 바뀐다: 삶과 일을 위한 10가지 강력한 방법(Change Your Questions, Change Your Life: 10 Powerful Tools for Life and Work)》이란 책에서 인생에서 가장 어려운 문제는 답을 전부 얻는다고 해결되는 것이 아니라 제대로 된 질문을 통해 해결된다고 말한다. 강력하고 자극적인 질문을 계속 묻는 코치는 개인이 장기간의 내부 목적의식과 책무감을 개발하도록 도와준다. 어떤 의미에서 코치의 주요 임무는 제때에 제대로 된 질문을 하는 것이다.

당연히 코치는 코칭 기회를 통해 사람들의 사적

인 이야기를 담당하면서 그들의 권리를 존중할 의무와 궁극적으로 코칭 경험의 결과가 뒤따른다는 점을 항상 명심해야 한다. 질문을 마음대로 바꾸면 안 된다.

코치는 질문을 하면서 덜 말하고 더 들어야 한다는 점을 기억해야 한다. 여러분이 하는 대부분의 말은 적극적으로 듣고 강력한 질문을 하면서 행해져야 한다. 질문이 실제로 책임을 일으키고 힘든 일과 개인이 실행하는 실제 일을 부여하기 때문에 '강력한'이란 말을 사용했다.

만일 내가 코치로서 사람들에게 무엇을 어떻게 하라고 말한다면, 효과가 있든지 없든 간에 그들 책임이 아닌 내 책임이 된다. 그러면 그 사람은 다시 와서 말한다. "좋아요, 코치님이 말씀하신 일과 지시하신 대로 했는데 효과가 없었어요. 이제 제가 뭘 하길 원하나요?" 개인은 자신에게 해당되지 않는 책무를 할 필요성을 느끼지 못한다.

물론 여러분의 질문은 보통 자연스럽게 대화 형태를 따를 것이다. 평상시나 공식적인 대부분의 대화에서 한번 자신의 이야기나 포부나 시련을 함께 나누기 시작하면, 적절하고 직관적인 후속 질문이 곧바로 나올 수 있다. 하지만 코치는 매우 유용한 대화 이상의 책임이 있다. 코치는 개인, 팀, 조직이 전략을 달성하고 목표를 최우선시하며 관점을 바꾸고 책임을 유지하게 돕는데 초점을 맞춰야 한다. 이런 일은 질문으로 하는 것이 가장 좋다. 컬럼비아대학교의 코칭 인증 프로그램이 진행되는 동안 지도교수인 테리 말트비아(Terry Maltbia) 박사는 자연스러운 코칭 대화에 다른 사람을 참여시키는 구조적 체제를 코칭 시간에 가르쳤다.

코치가 묻는 강력한 질문은 다음 세 가지 분야로 나뉜다.

① 목적을 갖고 참여하기(시작부분)
② 책무로 나아가기
③ 책무 획득하기(끝부분)

첫 번째: 목적을 갖고 참여하기. 개인이 전체 코칭 참여의 목적이든 오늘 모임의 목적이든 원하는 혜택이 포함된 목적을 생각하게 만드는 통찰력 있는 질문으로 시작하라. 다음과 같은 질문이 해당된다.

- 코칭을 받으려는 구체적인 필요성이나 문제 또는 이유가 무엇입니까?
- 개인적 또는 직업적으로 이뤄야 하는 가장 중요한 전략이나 목표나 결과는 무엇입니까?
- 코칭 관계를 통해 결과적으로 무엇을 이루고 싶습니까?
- 삶/가족/경력에서 마지막으로 무엇을 남기고 싶습니까?
- 앞으로 5년 뒤에 "자신의 최고 모습"은 어떨 것 같습니까?
- 현재 일하는 역할에서 어떤 기여를 할 수 있습니까?
- 올해 무엇을 이뤄야 합니까?
- 목표를 더 구체적으로 할 수 있습니까?

- 그 목표를 이뤘을 때를 어떻게 알 것입니까? 어떻게 성공을 판단할 것입니까?
- 우리가 오늘 함께 보낸 시간의 결과로 무엇이 달라질 것입니까?

개인은 목표를 세우면, 목표를 달성하는 법을 알아야 한다. 개인은 목표가 너무 높거나 불분명하거나 어려우면, 목표를 통해 이익을 내고 관계가 향상되고 팀 참여도가 좋아지고 살이 빠진다고 하더라도 노력하지 않을 것이다.

두 번째: 책무로 나아가기. 여러분의 질문은 개인이 논리적이고 감정적인 책무를 향해 나아가도록 도와야 한다.

여기서 여러분의 임무는 사람들의 예측을 돕고 성취를 막는 장벽을 무너뜨리는 것이다.

- 현재 목표를 향해 무엇을 노력하고 있습니까?
- 장애물은 무엇입니까? 과거 비슷한 상황을 어떻

게 다뤘습니까?

• 시간, 돈, 사람, 정보, 기술 등 자원이 무제한으로 있으며 실패할 수 없다는 사실을 안다면, 무엇을 시도할 것입니까?

• (시간, 돈, 사람, 정보, 기술 등 포함해) 어떤 자원을 요청할 수 있습니까?

• 이런 예측된 목표와 주요 결과를 얻은 후 어떤 혜택이 있습니까?
이렇게 하지 않았을 경우의 비용이나 부정적인 결과로 무엇이 있습니까?

• 이제 목표를 향해 나아가기 위해 해야 할 가장 중요한 한 가지는 무엇입니까?

• 여러분이 힘든 문제로 존경하는 사람이나 전문가에게 갔다면, 그 사람은 무엇을 제안할까요?

• 같은 상황에 있는 다른 사람을 보았다면, 무엇을 제안할 겁니까?

• 1~10(10이 가장 높음) 범위에서 해야 할 시간까지 목표를 이룰 동기부여와 가능성은 어느 정도입니까? 10에 가까이 가려면 계획을 어떻게 바꿔야 할까요?

세 번째: 책무 획득. 책무 획득은 요약하고 초점을 좁히고 선택사항을 택하고 다음 단계를 확인하는 일을 포함한다. 이런 질문은 코치가 "대화의 마차가 빙빙 돌듯이" 이어가게 만들고 공유한 모든 정보와 감정을 요약하고 명확하게 해준다.

대화를 마치려면, 개인은 사적인 목표와 변하려는 열망을 추구하고자 다음에 전념할 일을 분명하고 기억할 수 있게 요약해야 한다. 이를 대화 "확인"이라고 부른다.

- 다음 코칭 수업 전에 중점을 두는 두세 가지 가장 중요한 일은 무엇입니까?
- 우리의 대화를 토대로 지금 중점을 두는 가장 중요한 것은 무엇입니까?
- 우리는 오늘 중요한 많은 정보에 대해 이야기했습니다. 중점을 두고 싶은 주요 분야에 어떤 제목을 달고 싶습니까?
- 목표를 향해 나아가기 위해 앞으로 24시간 동안 무엇을 할 겁니까?

- 1~10 중에서 얼마만큼의 동기를 가지고 이 책무를 신경 씁니까?
- 6에서 9로 바꾸는 데 무엇이 필요할까요?
- 이를 막는 방법을 생각할 수 있습니까? 이 장벽을 어떻게 극복할 것입니까?
- 비전과 큰 계획에서 멀어진 후, 앞으로 30일, 60일, 또는 90일에 걸쳐 어떤 행동에 중점을 두고 싶습니까?
- 이 일을 앞으로 이루도록 도우려면 무엇을 해야 합니까?
- 성공을 어떻게 판단할 겁니까? 전략을 갖고 성취하는 데 어떤 이정표나 주요 성공이 중요합니까?
- 책임지는 최고의 방법이 무엇이라고 봅니까?

책무 설정은 코칭 과정에서 기본적인 마무리 단계이다. 책무는 내부에서 생겨난다. 책무를 부과하려는 시도는 개인이 그 책무를 진정 가지고 있지 않음을 뜻한다.

이것은 강력한 질문이 코치가 코칭 대상의 인정을 얻는 데 중요한 수단이 되는 이유이다. 능숙한 질문자는 개인이 자신의 언어로 말하고 목표를 정하고 근거를 촉진하고 문제에 직면했을 때 자신의 해결책을 내놓게 도와줄 수 있다. 코치는 우리가 개인을 위해 할 수 없는 자신의 이야기를 그들이 만들어낸다는 점을 결코 잊어서는 안 된다.

훌륭한 코치는 제대로 된 신뢰가 높은 환경과 안전한 상태를 조성해서 사람들이 필요한 깊은 사고와 힘든 일을 통해 스스로 변하게 한다. 스티븐 코비 박사는 "진정한 변화는 외부가 아니라 내부에서 비롯된다. 이는 말하거나 충고하고 고치거나 가르쳐서, 태도와 행동이란 잎을 자른다고 비롯되지 않는다……. 우리의 인격을 정의하고 세상을 보는 렌즈를 만드는 근본적이고 필수적인 패러다임인 우리 생각의 구조, 즉 뿌리를 뒤흔드는 데에서 비롯된다."

4

실행

개인이 일단 전념을 하게 되면, 코치는 그 사람이 실행하고 책임지도록 돕는다. 여기서 원칙은 분명하다. 실행력과 책임감이 없으면, 코치가 참여해서 그저 결실 없는 대화를 계속할 뿐이다. 성공한 모든 코칭 대화는 주요 성과지표와 조치와 목표를 실질적으로 만족시키기 위해 직접 연결되어야 한다. 효과적인 코치가 어떻게 개인의 실행을 도울까?

코칭은 개인이 원하는 최종 목표의 정확한 특성을 찾도록 노력하는 일이다. 코칭 참여의 전반적인 범위는 어떻게 될까? 코치의 도전 과제는 자신의 패러다임, 비전, 가치나 열정을 강요하지 않고, 개인이 원하는 최종 목표를 찾도록 돕는 것이다.

코치는 여정을 정하거나 가고자 원하지도 않는 길로 밀어붙이지 않는다. 오히려 코치는 개인이 직접 운전대를 계속 잡고 직접 차를 운전해서 도착할 수 있게 도와준다. 사람의 성장을 돕는 토대는 부정적이고 제한하는 일에서 벗어나서 긍정적이고 확장되는 일에 참여하는 것이다.

성장 및 성취의 개념은 상황이 더 좋게 바뀔 수 있고 바뀔 것이라는 긍정적인 기대가 내재되어 있다.

가치 있는 목표의 실행에는 지속적이고 가끔 반복되는 책임 있는 노력이 항상 필요하다. 개인은 판매 목표 달성, 상품 출시, 학생의 학위 취득, 체력 증가나 체중 감소 등의 특정 목표를 위해 꾸준히 노력해야 한다. 종종 개인은 지속적인 변화를 지탱하는 올바른 행동이나 습관을 유지하는 힘과 의지가 부족하다. 천 번을 걸으면 피곤할 수 있다는 생각이 들어서, 첫발을 내딛는 것이 가끔 너무 힘들 수 있다.

하지만 코치는 반복적인 노력도 시간이 지남에 따라 점점 쉬워진다는 사실을 알고 있어야 한다. 반복된 행동은 습관이 된다. 게다가 최고의 코치는 개인이 기분 좋은 "몰입(flow)" 상태에 빠지도록 실질적으로 도와줄 수 있다.

"몰입"에 빠지기

몰입 상태란 무엇인가? 몰입 이론의 대가인 심리학자 미하이 칙센트미하이(Mihaly Csikszentmihalyi)는 일에 완전히 집중하면 창출되는 내부의 엄청난 명확성과 에너지를 느끼는 것이 "몰입"이라고 정의한다. 우리는 이따금 운동선수가 "몰입 상태"의 "최고 수준"에 대해 말하는 것을 듣는다. 몰입이 강력하고 목적이 있으면, 사람들은 최적의 에너지와 완전한 참여의식과 심지어 더없는 행복감을 갖는다. 이를 강물에 둥둥 떠다니는 듯한 느낌이라고 묘사한다.

강물이 정해진 지점을 향해 흐르듯이 몰입 상태의 사람들은 과제를 실행하면서 내부적으로 정한 목적지를 향해 앞으로 나아간다. 몰입 상태는 코칭 경험을 통해 통찰력과 영향력을 유지한다. 몰입은 개인이 꿈을 추구할 때 코치를 넘어설 수 있는 힘을 준다. 훌륭한 코치는 개인이 몰입에 이르고 유지하도록 노력한다.

"몰입" 경험 떠올리기

개인이 '몰입' 상태에 빠지도록 돕는 한 가지 방법은 다음과 같은 질문을 하는 것이다.

- 성과가 좋았던 "몰입" 상태였던 때가 언제인지 생각해보세요.
- 당신은 언제 최고입니까?
- 어떤 기분이었나요?
- 무엇이 당신을 버티게 하나요?
- 이제 성과를 높이는 몰입 상태에 빠질 수 있다는 사실을 어떻게 생각합니까?

"몰입"은 우연히 일어나지 않는다. 몰입하려면 연습과 끈기가 필요하다. 우선 칙센트미하이에 의하면, "몰입 방법을 아는 것만으로는 충분하지 않다. 운동선수와 음악가가 이론적으로 알고 있는 내용을 계속 연습해야 하는 것과 똑같이 꾸준히 해야 한다." 몰입에 빠지는 것은 힘들고 단순한 일처럼 연습과 반복적인 노력을 경험하는 것과는 전혀 다르다. 몰입 상태는 높은 수준의 자제력과 자신감과 성취감을 동시에 가져온다.

"몰입" 행동의 발견

몰입을 하는 다른 방법은 개인이 즐길만한 새로운 활동, 잘하는 일, 목표를 향해 이끄는 것을 찾도록 돕는 것이다. 어떤 사람은 낡은 패러다임, 오래된 습관, 감정적으로 지치거나 지루한 성과 없는 관행에 빠져있기에, 결코 몰입을 경험하지 못한다. 코치는 개인이 몰입하도록 새롭고 더 나은 행동을 찾게 도와줄 수 있다.

비즈니스계의 거물인 리처드 브랜슨(Sir Richard Branson)은 도전을 두려워한 적이 한 번도 없었다. 브랜슨은 여러 가지 일을 이뤘고 여기저기 도배된 광고에 자신의 얼굴이 나오지만, 사실 부끄러움을 타는 성격을 가진 사람이다.

브랜슨은 난독증 때문에 어렸을 때 학업 성적이 좋지 않았고 학습장애로 정식 교육을 끝마친 적이 한 번도 없었지만, 개인적이고 직업적인 포부를 추구하는 일을 결코 멈추지 않았다. 또한 그는 자신이 앞일을 잘 내다보고 다른 사람과 잘 지낸다는 사실을 알았다. 그의 회사는 사업적 기복이 있었지만, 1992년 버진(Virgin) 상표를 10억 달러에 팔아 버진 애틀랜틱 항공에 자금을 댔다. 오늘날 버진 그룹은 30개국에 걸쳐 200개 이상의 회사를 소유하고 있다. 브랜슨은 사업적으로 좌절을 많이 했으나, 혁신적 성공을 끝까지 밀어붙인 상상력과 엄청난 노력과 열정으로 잘 알려져 있다.

어떻게 그는 이 모든 일을 계속할 수 있었을까?

브랜슨은 사람과 아이디어에 몰입했다. 그는 이해력과 낙천주의와 다른 사람에 대한 신뢰가 높으며, 부정을 긍정으로 재구성하고, 주변 사람이 혁신과 새로운 아이디어의 몰입에 빠지도록 격려한다. 그는 항상 강에 빠져들 준비가 되어있고 에너지와 새로운 아이디어로 넘쳐흘렀다. 심지어 회의할 때, 브랜슨은 고객과의 브레인스토밍(여러 사람이 자유롭게 최대한 많은 아이디어를 내놓는 방법 — 옮긴이)을 편하게 하려고 소파에 누울지도 모른다. 기발한 아이디어를 들었는데 손에 공책이 없으면, 손등에 메모할 것이다. 그에게 중요한 것은 자유로운 아이디어의 흐름이며, 아이디어가 계속 흐르기 위해서 그는 무엇이든 한다.

사람들은 성과가 높은 몰입 상태에서 에너지가 더 많고 스스로를 잘 인식하며, 하는 일에 완전히 빠져있는 자신의 모습을 발견한다. 여러분의 코칭 대상이 '몰입'에 빠지는 새로운 행동을 찾도록 어떻게 도울 수 있을까? 다음 사항을 질문하라.

- 사회에서 해결해야 할 가장 중요하면서도 충족되지 않은 요구 사항, 도전 과제, 어려움 또는 기회는 무엇입니까?

- 인류를 위해 할 수 있는 가장 크고 훌륭한 기여는 무엇입니까?

- 어떤 유산을 남기고 싶습니까? 어떤 차이를 만들고 싶습니까?

- 항상 무엇을 하는 것을 좋아합니까? 정말 잘하는 것은 무엇입니까?

- 가장 열정을 쏟는 것은 무엇입니까?

- 어떤 직업이나 경력관련 기회를 추구할 때 가장 흥분되나요?

- 어떤 독특한 재능이나 능력으로 목표를 이룰 수 있습니까? 가장 잘 하는 것은 무엇입니까? 다른 사람이 당신에게 무엇을 잘한다고 말했나요? 어디서 인정받았습니까?

- 그 활동에 참여할 때 시간이 쏜살같이 지나고 행복하며 기분이 좋아질 때를 뜻한다면, 무엇을 하고 싶은 기분이 듭니까?

역사상 가장 훌륭한 음악가 중 한 명인 글렌 굴드(Glenn Gould)는 상을 여러 번 받은 캐나다 출신의 피아니스트이다. 굴드는 어릴 때 음악을 좋아했지만 피아노 연습을 견딜 수가 없었다. 그를 가르친 선생은 좌절했다. 하지만 굴드는 피아노를 완전히 익히는 자신만의 방법을 찾아냈다. 그는 악보와 작품을 집중적으로 공부하는 것을 좋아해서 악보를 암기한 후, 피아노에 손도 대지 않고 자신만의 방식으로 음악을 이해해서 피아노를 치는 모습을 떠올릴 수 있었다.

그렇게 오랫동안 공부를 한 후, 글렌은 피아노에 앉아서 마음속에 그렸던 피아노 연주를 하게 되었다. 그는 독특한 몰입 방법 덕분에 세계적으로 유명한 독보적인 콘서트 연주자가 되었다. 글렌 굴드의 예는 몰입에 빠지는 데 한 가지 이상의 방법이 있음을 보여준다. 사실 사람이나 기회만큼이나 몰입하는 데에도 많은 방법이 있을 것이다.

"몰입" 연습의 지속

습관은 그저 뇌에 있는 홈이나 경로이다. 어떤 반복된 행동으로 결국에 그런 홈을 만들면, 여러분은 생각하지 않고 거의 무의식적으로 아주 손쉽게 그 행동을 할 수 있다. 목표 달성은 종종 반복적으로 습관화된 노력이 필요하다.

올림픽에 다섯 차례 참가해서 네 개의 금메달을 포함해 12개의 메달을 딴 미국의 수영선수인 다라 토레스(Dara Torres)를 떠올려보자. 토레스는 41세의 나이에 2008년 베이징 올림픽 100미터 자유형 경기에서 21세에 참가했던 1988년 올림픽 기록보다 2.47초 빠른 기록을 세웠다. 대부분의 사람들은 41세의 여자가 올림픽에서 요구하는 뛰어난 수준을 갖추지 못함은 말할 것도 없고 참가조차 할 수 없다고 여긴다.

토레스는 몰입하는 자신만의 방법을 찾아서 습관으로 만들었다. 한 스포츠기자가 "희한한 방식의 연습"이라고 부른 방법으로 매일 연습했다. "토레스는 가죽 끈으로 발을 매달아 팔굽혀펴기를 엄청 하며……, 마치 상상 속의 수영장에 뛰어들 듯이 허리에 부착된 저항선에 매달린 기울어진 나무토막을 던진다. 거의 어떤 체육관 기기도 이 기기 사용법과 맞지 않았다."

토레스는 몰입하는 자신만의 방식을 고안하고 그 상태를 습관화해서 목표를 이뤘다. 몰입은 습관이 되고, 또한 습관은 몰입을 유지하게 해준다.

여러분이 코칭 하는 개인에게 다음 사항을 질문하라.

- 이 기회를 얻기 위해 얼마나 많은 시간과 노력이 필요합니까?
- 목표에 더 다가가려면 매일 할 수 있는 한 가지는 무엇입니까?
- 어떤 습관을 만들어야 합니까?
- 어떤 습관을 바꾸거나 없애야 합니까?

그래서 우리는 코칭 연습에 깔려있는 원칙을 더 잘 이해하길 바란다. 이런 원칙은 돕고자 하는 근본적인 바람과 그 바람을 이끄는 윤리적인 틀에서 커진다. 이런 원칙은 개인과 팀과 조직 등 모든 형태의 코칭에 스며든다. 원칙이 똑같더라도 코칭 대상에 따라 적용방식이 달라지는데, 다음 장은 이런 원칙이 실질적인 코칭 상황에 어떻게 적용될 수 있는지를 보여준다.

2부 7가지 코칭 기술

코칭은 드러내 보이고 상
담하고 격려의 말을 해주며, 조언이나 충고를 하거
나 무엇을 하라고 말하는 것을 훨씬 뛰어넘는 일이
다. 코칭은 구체적인 기술의 집합이다. 실천과 좋은
의도가 있다면, 어떤 리더나 매니저도 코칭을 잘할
수 있다고 믿는다. 희소식은 누구나 코칭을 익힐 수
있다는 점이다. 여러분이 대기업 경영진이나 5년차
축구선수, 누구를 코칭하든 간에 다음의 7가지 기술
이 필요하다.

① **_신뢰 구축._** 신뢰는 모든 훌륭한 코칭의 기본적인
역량이자 기술이다. 신뢰가 없으면, 개인은 여

러분을 의심하고 안건에 의문을 품으며, 진행 속도를 늦추고 코치인 여러분을 거부할 것이다. 그것이 바로 신뢰가 코칭의 첫 번째 기술인 이유이다.

② **패러다임 도전.** 패러다임은 우리가 생각하는 방식이다. 향상할 수 없다고 믿는 개인을 코치할 수 없다. 여러분은 그 패러다임이 바뀔 때까지 어디도 갈 수 없을 것이다. 여러분의 개인적인 패러다임은 성취를 막는 장벽이 될지도 모르며, 코치로서 여러분의 일은 패러다임에 확고하고 부드럽게 도전하는 것이다.

③ **전략적 명확성 추구.** 개인은 코치의 도움을 받아 개인적 목표를 선택하고 측정 가능한 종점으로 목표를 완전히 분명하게 해야 한다. 전략적 명확성이 없으면, 코칭은 방향을 잃고 헤매며 끝이 없어진다.

④ **완벽한 실행.** 실행은 가장 힘든 도전 과제일지도 모른다. 코치는 개인이 목표를 정해서 우선순위를 매기고 목표를 달성하며, 책임지도록 도와줄 수 있다.

⑤ **효과적인 피드백 제공.** 모든 코치는 피드백을 준다. 일부 피드백은 효과적이다. 이 책에 있는 제안을 따르면, 여러분은 인식을 형성하고, 행동에 초점을 두고, 사람들이 코칭 대상과 함께 원하는 결과를 성취하게 돕는 피드백을 확실히 주게 된다.

⑥ **재능 활용.** 대부분의 사람들은 자신의 재능을 과소평가한다. 스티븐 코비 박사가 자주 말했듯이, "대부분의 사람들은 자신이 사용하는 것보다 훨씬 더 많은 재능을 갖고 있다." 여러분은 코치로서 사람들이 이미 지닌 독특하고 많은 능력을 활용하게 돕는 법을 알아야 한다.

⑦ **중간층의 이동.** 코치는 주로 성과가 높은 사람이 더 나아지도록 돕는데 중점을 둔다. 하지만 어떤 조직에서도 성과 향상의 최대 기회는 일을 잘하지만 아직 큰 성과를 내지 못한 사람들 중에서 "중간층의 이동"을 돕는 것이다. 여러분에게 그 기회를 이용하는 법을 알려줄 것이다.

리더십에 대한 우리의 주요 책임 중 하나는 직장처럼 삶에서도 사람들이 일, 경력, 사업에서 비전과 전략적 명확성을 얻도록 돕는 것이다.

리더로서 여러분의 역할은 사람들이 불확실성과 어두움과 안개를 헤치고 최종 목표에 도달해 성공하도록 돕는 일이란 점을 잊지 말아야 한다.

1952년 7월 4일, 앞서 영국 해협을 성공적으로 헤엄친 플로렌스 채드윅(Florence Chadwick)은 이제 미국 남부의 캘리포니아 땅에서 카타리나 섬까지 약 34km를 헤엄치려고 시도했다.

물은 8도로 얼어붙을 만큼 차가웠다. 안개는 짙어서 앞이 거의 보이지 않았다. 마침내 목적지까지 1km도 안 남았을 때, 채드윅은 의욕이 꺾여서 도전을 포기했다. 다음날 기자가 그녀를 에워싸고 포기한 이유를 물었다. 차가운 물과 힘든 물살 또는 거리로 인한 피로감 때문입니까? 그녀는 "안개 때문에 패했다."라고 대답했다. 그다음에 채드윅은 영국 해협을 헤엄쳤을 때에도 안개 때문에 잘 보이지 않았던 비슷한 상황을 떠올렸다. 그때도 안개가 똑같이 에워쌌고, 채드윅은 지쳤었다. 그녀가 인근에서 배에 타고 있던 아빠를 향해 손을 뻗었을 때, 그녀의 아빠는 해안가를 가리켰다. 채드윅은 앞에 있는 땅이 보일 정도로 물 밖으로 고개를 높이 쭉 들어올렸다. 이런 새로운 비전과 명확성 덕분에, 채드윅은 안개를 밀어내고 영국 해협을 정복한 최초의 여성이 되었다.

플로렌스 채드윅의 아빠가 배에서 해안가를 가리킨 방법과 마찬가지로, 리더와 매니저는 직원들과 팀이 "길을 치우고" 많은 다급한 방해 속에서 안개를 헤치고 분명한 비전과 전략적 방향을 얻어서 기회와 성공을 인식하게 도움으로써 코치를 도와야 한다.

사람들을 지치게 하는 것은 힘든 일이 아니라, 바로 안개와 같은 것이다!

5

신뢰 구축

훌륭한 코치는 자신들이 코치하는 사람과 신뢰를 쌓고 개발하고 확장하거나 회복하는 데 더 많은 가치를 둔다.

종종 신뢰는 숨겨진 변수로 여겨져 간과하게 되는 경향이 있다. 그래도 신뢰가 낮은 상황의 예를 전부 들 수 있다. 세계경제시장, 기업 스캔들, 금융과 정부의 부도덕성, 정치와 연예 또는 체육계의 인권침해 등을 다루는 언론의 헤드라인만 흘낏 보더라도 알 수 있다. 교육과 종교와 자선단체에서도 신뢰가 낮은 모습을 찾을 수 있다. 왓슨 와야트 워크(Watson Wyatt Work)의 미국 조사에 의하면, 39%의 직원만이 자신의 상사를 믿으며, 45%의 직원만이 관리팀을 신뢰한다. KPMG 2000 글로벌 조직 진실성 조사에 의하면, 거의 절반의 직원들은 밝혀질 경우 자신의 회사가 "대중의 신뢰를 엄청나게 잃는" 위법행위를 보았다고 답했다.

코치의 역할은 다음의 두 부분으로 나뉜다. ① 개인 스스로 더 신뢰할 수 있도록 돕는다. ② 개인 및 주요 이해관계자와 신뢰관계를 구축한다. 첫 번째 역할에서 여러분은 인격과 역량의 모범이 되어 신뢰를 얻는다. 두 번째 역할에서 여러분은 개인과 주요 이해관계자가 자신들보다 훨씬 잘 리드할 준비가 된 후임자이자 자리와 권한과 보상을 준 자신들에게 충실한 이들을 계속해서 끌어들일 때, 코칭이 효과가 있음을 알게 된다. 여러분은 리더가 적극적으로 다른 사람을 향상시키고 여러 재능을 키우고 자신들을 대체하고자 새로운 리더를 만들고자 노력할 때에, 조직에 신뢰가 있음을 알게 된다.

신뢰성은 보이스카우트 모임에서 얘기하는 것처

럼 약간 전통적이거나 구식처럼 들릴지도 모르지만, 완전히 현재형이며 꼭 필요하다. 왜 그럴까? 그 이유는 신뢰가 개인 신용으로 옮겨지기 때문이다. 각각의 개인 리더나 매니저나 코치는 개인적인 신뢰나 불신의 꼬리표를 달고 있다. 신용은 "믿는다"란 뜻의 라틴어 "크레데레(credere)"에서 비롯된다. 여러분이 다른 사람을 성공적으로 코치하길 바라는 사람은 누구나 먼저 여러분을 믿어야 한다.

스티븐 코비(Stephen M.R. Covey)는 베스트셀러 저서 《신뢰의 속도(The Speed of Trust)》에서 신뢰성의 두 가지 근원인 인격과 역량에 대해 설명한다. 인격은 개인적 성숙함, 진실성, 원칙 준수, 즉 여러분이 누구인지를 말해준다. 미성숙하고 부도덕한 사람은 뛰어난 기술에 상관없이 신뢰할 수 없다. 역량은 재능, 기술, 능력 등 여러분이 하는 일을 뜻한다. 아무리 인격이 훌륭한 사람이라도 높은 수준으로 일하는 기술이 부족하다면 신뢰할 수가 없다. 인격과 역량은 신뢰와 신용을 얻는 데 필수적이다.

신뢰는 코칭의 첫 번째 원칙이며 반복해야 한다. 코치로서 여러분은 다른 사람에게 바라기 전에 먼저 스스로 인격과 역량 면에서 모범이 되어야 한다. 개인과의 상호작용은 나무랄 데가 없어야 한다. 여러분의 정직과 진실성은 코칭에서 가장 중요한 자산이다. 개인이 여러분의 안건에 의문을 제기할 여지를 줘서는 안 된다. 코치는 당연히 신뢰받는 위치에 있어야 한다.

여러분의 역량은 이 책에서 알려준 기술을 얼마나 잘 익히는가에 달려있다. 여러분이 궁극적으로 하는 일은 사람들이 자신의 패러다임에 도전하고 자신을 위한 전략을 세우고 완벽히 실행하며 자신에게 유용한 재능과 인재를 활용할 수 있는 신뢰할 수 있는 사람인 리더를 만들어내는 것이다. 따라서 모든 효과적인 코칭은 여러분이 주위에서 새로 만들고 개발하는 리더와 신뢰관계를 쌓기 위해 여러분의 인격과 능력으로 시작된다.

또한 여러분은 개인이 스스로를 더 신뢰하도록

돕는다. 그들은 리더가 될 것이므로, 팀과 조직이 지지하는 가치를 본보기로 삼아서 신뢰할 수 있는 사람이어야 한다.

인격 진단

개인의 의도, 즉 동기와 안건은 무엇인가? 동기가 의심스러운 리더를 따르려는 사람은 아무도 없다. 동기는 개방적이고 투명하며 서로에게 이로워야 한다.

생각해보라: 누군가 안건을 숨긴다고 의심된다면, 여러분은 완전히 코칭에 참여하기에 조심스럽고 말수가 적어지지 않겠는가?

여러분은 개인이 더 신뢰할 수 있도록 어떻게 도와줄 것인가? 이는 강의가 아니라 올바른 질문을 통해 이루어진다.

• 누구를 신뢰하며 그 이유는 무엇입니까?

- 믿지 못하는 사람은 누구이며 왜 그렇습니까?

- 코치나 리더로서 누구를 신뢰합니까?

- 다른 사람의 신뢰를 얻으려고 무엇을 하고 있습니까?

- 상사(동료, 배우자 자녀, 시장, 고객, 직원 등)와 어떤 관계를 원합니까?

- 동기는 무엇입니까?

- 그 동기에 따라 행동하면, 어떤 결과를 얻을 것이라고 생각합니까? 단기적으로 어떤 결과입니까? 장기적으로는?

개인이 의심스러운 동기의 결과를 스스로 정의하도록 해보라.

폭력적인 남편이 행동을 극복하게 돕는 코치는 다음과 같은 질문에 많이 의존한다. 폭력적인 사람에게 법, 도덕성, 관계 심리와 같은 강의 대신에, 다음과 같은 질문을 한다. "아내와 어떤 관계를 정말로 원합니까? 어떤 행동이 그런 관계를 만들까요? 아내를 때리는 동기는 무엇입니까? 그런 동기로 행동한다면 어떤 결과가 일어날 것이라고 생각합니까? 그렇게 계속 행동한다면 길에서 어떤 일이 벌어지리라 봅니까? 집에서 하는 폭력적인 행동을 직장에서 똑같이 합니까?" 이런 질문을 계속 반복해서 물음으로써, 코치는 남편이 자신의 희망, 바람, 동기, 자기 배신, 행동의 필연적인 결과 등을 스스로 잘 인식하도록 도와준다. 종종 이런 접근 방식으로 실질적인 인식과 행동의 변화가 일어난다.

역량 진단

이를 통해 신뢰의 다른 요소인 결과, 즉 실적, 결과물, 일을 제대로 마치는 능력이 나타난다. 리더가 그들이 기대한 바를 이루지 못하면, 그들의 신뢰성은 떨어진다. 반대도 마찬가지다. 리더가 약속한 결과를 이루면, 코치로서 명성을 쌓고 신뢰도 올라간다.

여러분이 코칭 하는 사람의 역량을 진단하기 위해서는 다음과 같은 사항을 질문한다.

- 실적은 어떻게 되나요?
- 일을 하고 계속 결과를 얻는 당신의 능력에 대해 다른 사람은 뭐라고 말합니까?
- 일을 하고 계속 결과를 얻는 당신의 능력에 대해 어떻게 생각합니까?
- 어디에서 능력을 향상해야 합니까?
- 당신의 팀은 현실적으로 어떤 일을 할 수 있습니까?
- 당신의 팀은 어디에서 향상해야 합니까?

이 질문의 목적은 활용할 강점과 노력할 약점을 표면으로 가져오는 것이다. 핵심은 개인이 신뢰가 향상되어야 할 부분을 파악하도록 돕는 것이다.

나는 세계적인 전미 미식축구연맹(NFL)의 축구협회와 개인 신상 보호를 위해 '존스 씨'라고 부르는 협회 소유주와 함께 신뢰성 높은 코칭에 참여했던 적이 있다. 그 경험을 하나의 사례로 들어보겠다.

존스 씨는 대도시 지역사회와 주 내에서 매우 존

경받는 성공적인 기업인이자 유명한 자선 사업가였다. 그는 가족 가치를 강조하고 팀 구단주로서 지역사회에 참여하면서 높은 명성을 쌓았다.

존스 씨는 조직 내 고위 경영진을 위한 임원 코치로서 나를 고용했다. 나는 코칭에 참여하는 동안에 그의 훌륭한 리더십과 비전, 그리고 사회와 조직에 너그러운 모습을 지켜보았다. 그는 높은 성과 기대와 신뢰를 팀의 경영진 및 선수와 코칭 담당자에 이르기까지 그 대상을 넓혔다.

내가 참여한 코칭에 관한 자세한 사항은 기밀이어서 공유할 수 없지만, 전반적인 코칭 주제와 내가 경험한 인상을 요약할 수는 있다. 고위 경영진은 모든 조직 수준에서 신뢰, 권한 부여, 신용을 보여주면서 코치 역할의 리더에게 훌륭한 모범이 되었다. 그 구단주는 전략적 명확성, 확실한 목표와 목적, 성공에 대한 높은 기대치, 지속적인 책임 등의 문화를 만들고 가족 가치와 팀원에 대한 충성도가 높은 문화를 확립한 후, 처음으로 이를 본보기로 삼아 보여주었다.

존스 씨는 지역사회가 하나가 되도록 돕고 모든 이해관계자와 함께 신뢰와 성공을 격려하는 훌륭한 제품을 내놓으려고 팀을 인수했다. 그의 자선단체는 교육, 예술, 문화에 많은 기부를 했을 뿐만 아니라 위험에 처한 청소년에게도 관용을 베푼 훌륭한 본보기이다. 존스 씨는 개인적으로 여러 다른 자선단체에 1억 5천 만 달러 이상을 기부했다. 그는 팀을 인수했을 때에 이미 신뢰받는 리더였다. 모든 사람은 그의 의도가 긍정적이며, 진실성과 실적이 의심할 바가 없다는 사실을 알았다.

NFL 프랜차이즈가 스캔들과 연달은 코치 교체로 흔들리자, 존스 씨는 사업 실행 방식을 바꿔야 한다는 사실을 알았다. 그는 검증되지 않은 새 쿼터백을 영입하는 동안에 코칭 직원과 경영진에게 선택의 자유를 줬다. 제대로 된 인재 고용을 위해 주변 리더를 믿고 권한을 주었기에 수익을 올리고, NFL 프랜차이즈 역사상 가장 성공적인 우승 시즌을 차지했다.

존스 씨는 코칭의 가치를 알았으며, 이를 통해 리더가 조직 가치와 자신의 결정을 잘 맞추고 개인 및 직업성과를 더 높은 수준의 성공으로 이끌 것이란 점을 알았다. 그래서 존스 씨는 고위층의 올바른 가치와 말투를 정하게 돕기 위해 리더 지도를 제안했으며, 차례로 조직 내에서 진행하기 시작했다.

수석 축구 코치와 총감독은 개인 및 직업적인 문제, 도전 과제, 성공 기회 등에 중점을 두고서 매월 임원 코칭 회의에 참석했다. 팀도 더 나은 의사 결정 기술, 계획, 우선순위 지정, 실행을 위해 보조코치, 선수, 직원에게 분명한 권한을 부여했다. 그들은 직장에서 보다 큰 목적의식을 갖고 개인 및 경력 성장을 위한 기회를 찾길 원했다. 팀도 일과 생활의 균형이 중요하다는 데 가치를 두고, 리더와 직원 간에 가족의식을 고취하길 원했다. 리더와 그들 가족이 사회 환원에 참여하기 위한 특별한 기회가 주어졌다.

존스 씨가 보여준 신뢰 모델과 다른 사람에게 권

한을 부여한 진심어린 바람이 아주 단기간에 전체 조직에 퍼지기 시작했다는 사실은 나에게 분명했다.

존스 씨는 고위 경영진을 더 믿고 권한을 주고자 했기에, 모든 수준에서 올바른 말투를 정한 후 조직 내에서 책임, 동기부여, 참여를 더욱 활성화하고자 올바른 행동을 신뢰하고 본보기로 삼기 시작했다. 나처럼 외부 코치이든 존스 씨처럼 내부 코치든 간에 코치는 다른 무엇보다도 올바른 가치와 성과와 신뢰의 문화를 수립해야 한다. 리더가 올바른 가치와 행동을 본보기로 삼으려 할 때, 전체 조직은 다른 사람에게 자유롭게 권한을 부여하기 시작하면서 신뢰 문화가 조직 전반에 걸쳐 생겨날 것이다.

6

패러다임 도전

앞서 말했듯이, 패러다임은 잠재력을 깨우지 못하도록 제한할 수 있다. 패러다임이 관점 또는 사고방식이라는 점을 기억해보라. 그래서 많은 패러다임은 부적절하거나 재능이 없거나 희생당한다고 보는 견해이기에 향상을 방해한다. 코치로서 여러분의 일은 발전을 제한하는 패러다임을 바꾸도록 개인을 돕는 것이다. 부정확하거나 제한적인 패러다임에 의문을 제기함으로써 그렇게 할 수 있다.

이 책에서는 코치가 어떻게 향상된 자기인식과 혁신적 변화를 위한 기회 창출을 도울 수 있는지를

6장 • 패러다임 도전

보여주고자 강력한 질문을 사용했다. 위대한 스승인 소크라테스(Socrates)는 학생들에게 사고의 정확성과 완벽성에 도전하는 질문을 했다. 그는 "반성하지 않는 삶은 살 가치가 없다."라고 말했다. 어떤 면에서 학생들은 이로 인해 겸손한 자세를 갖게 되었고 학습에 대한 탐구를 하게 되었다. 소크라테스가 패러다임, 사고방식, 그리고 추측에 도전하기 위해 사용한 5가지 종류의 질문을 살펴보자.

1. 추측 탐구

개인이 리더십이나 일하는 방식에 깔려있는 전제와 의심 없는 신념이나 가치에 대해 생각하고 시험하게 돕는 질문을 하라. 여러분의 일은 깊이 뿌리박힌 단단한 생각을 흔들고 더 깊은 수준으로 추론하게 돕는 것이다. 다음은 그런 질문의 예시들이다.

- 당신은 이러이러한 것이 그런 경우라고 추측하는 것 같습니다. 왜 이것이 그 경우인가요?
- 어떤 근본적인 가치나 인식이 그런 행동을 이끄

는 것 같습니까?

- 어떻게 그런 추측을 선택했습니까?
- 그렇게 생각한 이유와 방법을 설명해보세요.
- 어떻게 그 추측을 증명하거나 반증할 수 있습니까?
- 이런 상황에 관한 사실이나 정보를 공유한다면, 그것은 무엇일까요?
- 우리는 대신에 무엇을 추측할 수 있습니까?

2. 근거 조사

개인이 의견이나 추측에 대한 근거를 제시하면, 주어진 사실로 추측하기 보다는 차라리 그 추론을 파헤쳐보라. 사람들은 종종 자기주장을 위해 약한 논리와 추론이나 지지하는 방법을 쓴다. 다음 질문은 신념 뒤에 숨겨진 증거를 살펴보도록 도와준다.

- 왜 그런 일이 일어났습니까?
- 어떻게 이번이 그 경우인지 알고 있습니까?
- 무슨 일이 일어났는지 설명하거나 근거를 제시

할 수 있습니까?

• 그 예를 들어줄 수 있습니까?

• 그 상황의 영향은 무엇입니까?

• 어떤 정보와 사실 또는 증거가 그것을 믿도록 근
  거를 제시했습니까?

3. 견해와 관점에 문제 제기

대부분의 주장은 특정 위치에서 비롯된다. 여러
분은 그 위치에 대해 자유롭게 문제를 제기해야 한
다. 동등하게 타당하거나 대안적인 다른 견해가 있
음을 보여주어라.

• 이렇게 보는 다른 방법은 무엇이 있습니까? 이
  것이 합리적인 것 같습니까?

• 당신의 대안은 무엇이 있습니까?

• 그것은 흥미로운 이론입니다. 고려해야 하는 다
  른 접근법이 있습니까?

• 당신 주장의 강점은 무엇입니까? 약점은 무엇입
  니까?

- 이로 인해 누가 이익을 얻나요?

- 반대 견해를 가진 사람은 무엇이라고 말할까요?

- 이 시나리오와 저 시나리오의 차이점은 무엇입니까?

4. 영향과 결과의 검토

흔히 사람들은 문제의 모든 가능한 결과를 생각하지 않는다. 다음 질문을 통해 모든 가능성의 완벽한 탐구를 격려하라.

- 의도된 결과나 성과물은 의미가 있습니까?

- 바람직한 결과와 이득은 무엇입니까? 행동에 대한 분명하고 논리적인 경영 사례가 있습니까?

- 바랐던 결과를 이뤘다면, 그 다음에 무슨 일이 일어나겠습니까?

- 그 추측의 긍정적 혹은 부정적인 결과는 무엇입니까?

- 위험 또는 비용/혜택은 무엇입니까?

- 그렇게 하는 전반적인 경제적 가치는 무엇입니까?

- 그렇게 하지 않는 위험이나 비용은 무엇입니까?
- 아직 생각하지 못한 어떤 일이 벌어질 가능성이 있습니까?

5. 문제에 의문 제기

여러분은 개인이 질문 자체에 대한 질문을 통해 패러다임을 검토하게 도와줄 수 있다. 어떤 의미에서 여러분은 개인이 힘든 일을 하게 만들고 있다.

- 왜 제가 그 질문을 할 거라고 생각합니까? 요점은 무엇일까요?
- 왜 그 질문을 스스로에게 물을 거라고 생각했습니까?
- 그 질문이 중요한가요? 그 이유는 무엇입니까? 아닌 이유는?
- 그 질문에 어떤 추측이 숨어있습니까?

코치는 낡은 패러다임의 타당성에 맞서는 개인의 요구에 주의해야 한다. 종종 사람들은 자신들의 추측을 시험하고 질문하기를 두려워한다. 코치는 자연스럽고 긍정적인 단계를 진행하면서 그 과정에서 두려움이 없어지게 도와줄 수 있다. 또한 모든 사람들이 긍정적인 탐구 태도와 낡은 패러다임의 효과적인 도전과 혁신적인 변화 수용을 받아들이도록 도와줄 수 있다. 토마스 쿤(Thomas Kuhn)은 이렇게 설명했다. "(성과 결과에서) 모든 중요한 돌파구는 관점의 낡은 방식을 끊는 데에서 비롯된다."

수십억 달러 규모의 화학회사 리더들을 코칭했을 때, 고위 경영진 중 한 명은 자기 일에 불안해했지만 그 이유를 정확히 몰랐다. 아주 좋은 자리였으며, 그는 실제로 변하고 있었다.

워크숍을 실시했던 어느 날, 그 리더가 참석했다. 나는 인간이 육체적, 정서적, 정신적, 영적 요구를 갖고 있음을 기반으로 하는 "전인 패러다임"을 워크숍에 도입했다. 우리는 모든 요구가 충족되지 않으면 "완전한 인간"으로서 만족하지 않는다.

6장 • 패러다임 도전

코칭 시간이 되었을 때, 그는 자신의 패러다임이 바뀌었다고 말했다. 그는 전인으로서 스스로를 생각하지 않았다. 그는 다음과 같이 말했다.

나는 두 자리 수의 성장을 이루면서 8년간 사업을 운영하고 있으며 매우 잘하고 있었습니다. 우리 팀의 90%는 목표를 달성하고 있으며 회사 역사상 최고의 성장년도를 기록했습니다. 나는 매우 튼튼한 경영진을 만들었습니다.

하지만 오랫동안 이 회사에 남을 동기가 있을까요? 내 전인적 요구가 충족되었을까요?

현재 돈을 아주 잘 벌고 있으며, 회사를 그만두면 많은 수당과 상여금을 못 받아 엄청난 돈을 잃게 될 겁니다. 그래서 현재 돈에 대한 육체적 요구는 매우 만족스럽습니다. 마음이나 사회적 정서 요구도 충분히 만족합니다. 회사 대표인 내 상사는 높은 인성을 지닌 훌륭한 분으로 나에게 매우 잘 대해줍니다. 가족과 사업은 내게 충실했습니다. 회사가 잘 해줘서 큰 빚을 졌으며 고마움을 느낍니다.

하지만 전인 사고방식으로 돌아보았을 때, 직업적 경력을 다음 단계로 끌어올리기를 원한다는 사실을 깨달았습니다. 정말로 더 지적으로 도전해야 한다고 믿었습니다. 경력에 더욱 완전히 몰입하기 위해서, 내 마음과 지성은 더 세계적이고 전략적인 도전과 발전을 필요로 합니다.

나는 코치로서 그가 낡은 패러다임에 맞서게 도왔다. 그는 패러다임의 변화를 경험한 덕분에 더 많이 도전해야 하지만 지적으로 더 많이 보상받는 자리가 있는 다른 회사로 옮겼다. 이는 그에게 아주 힘든 이동이었지만, 그는 코칭을 통해 자신의 경력과 삶을 높은 수준의 의미와 목적, 그리고 기여로 바꿀 수 있었다.

7

전략적 명확성 추구

주요한 코칭 기술은 코치 자신의 비전, 가치 또는 열정을 개인에게 강요하지 않고 개인 스스로 목적지를 찾도록 돕는 것이다. 어떤 코치도 변화를 밀어붙이거나 추진력을 강요하거나 특정 목적지를 지시하거나 요구할 권리가 없다. 하지만 코치와 개인은 최종 목적지가 필요하고, 그 목적지의 근본은 스스로 선택한 개인 미션이며, 이는 스티븐 코비 박사가 "내부에서 타오르는 동의"라고 일컬은 것에 의해 불붙는다.

코치는 구체적인 미션 선언문과 이를 실행하는 전략을 제시하게 돕는다. '그렇다'라고 말하고 싶은

7장 • 전략적 명확성 추구

삶의 목적인 미션을 찾도록 사람들을 돕는 것이 선택하고 싶은 새로운 방향을 정의하는 데 중요하다. 미션은 삶에 목적을 줄 뿐만 아니라 삶의 의미와 열정을 재집중하고 목적을 변경하고 재충전하는 힘을 불러일으킬 수 있다.

내게는 일에 인생을 바친 친구가 있다. 그 친구는 충실하고 똑똑하며 자신의 일을 사랑하는 영향력 있는 고위 직원이었다. 하지만 어느 날 회사가 자신의 삶이라고 내게 말했을 때 염려스러웠다. 그가 회사 일에 필요한 시간이 얼마나 들든지 상관없이 일했던 동안에, 집에는 그를 기다리는 한 명의 아들과 두 딸과 아내가 있었다. 그는 결혼생활을 겨우 유지했으며 가깝지는 않지만 딸들과는 어느 정도의 관계를 유지할 수 있었다. 하지만 아들은 마약에 의지하다가 교도소를 들락날락했다. 그가 교도소에 있는 아들을 면회하러 갔을 때, 아들이 말했다. "아빠, 내가 필요할 때 아빠가 집에 있었다면 여기에 앉아 있지 않았을 거 같아요."

시인이자 강연자인 데이비드 화이트(David Whyte)는 《일깨워진 마음: 미국 기업의 영혼에 관한 시와 보존(The Heart Aroused: Poetry and the Preservation of the Soul of Corporate America)》이란 책에서 기업 워크숍에서 만난 한 여자에 대해 이야기한다. 그 참가자는 사람들이 회사의 이익을 위해 "개인적인 비전"과 "신성한 욕망"을 희생해야 하는 이유를 찾고 있었다. 그녀는 "10년 전에……. 잠시 관심을 가졌고 이제 내 삶이 되었다."라고 말했다.

우리는 순간적으로 끌리는 것을 붙잡지 말고, 아주 소중히 여기는 꿈과 많은 노력 및 희생을 기꺼이 주고자 하는 꿈, 즉 비전을 분명히 정의하는 데 시간과 관심을 투자해야 한다. 우리는 해야 할 목록에 적힌 즉각적이고 압박적인 사항에 직면하거나 사회의 물리적 성공 정의를 따라야 하는 중압감을 받을지라도 그 비전을 향해 관심을 가져야 한다.

일상적인 말로 하면, 개인적인 삶에서 행복하지 않으면 직장 일과 동료와의 상호관계에도 영향을 미친다. 또한 그 반대도 마찬가지다. 직장생활에서 행복하지 않으면, 집에 있거나 친구와 만났을 때 어떻게 행동하는 지에도 영향을 미친다. "정말로 가장 중요한 것"을 이루지 못하면, 정신적, 육체적, 영적, 정서적인 부분 등 모든 면에 영향을 끼친다.

한 대학교의 매니저는 최고 행정직으로 승진했다. 그녀는 성공을 축하하기는커녕, 승진으로 너무 스트레스를 받아서 실패에 대한 두려움으로 거의 옴짝달싹 못하게 되었다는 사실을 알았다. 셀 수 없이 많은 초과근무를 했고 매일 더 많은 시간을 쥐어짜려고 운동을 포기했으며, 자판기의 패스트푸드를 먹기 시작한 후 결국 13kg 넘게 몸무게가 늘었다. 그녀는 잠을 깊이 잘 수 없었다. 불안감이 개인 생활로 넘쳐 흘러갔다. 집에 있어도 일을 생각하지 않을 수가 없는 상태라는 것을 알았다.

코칭을 하는 동안에, 그녀는 개인과 직업적인 부분에서 자신의 미션과 목적을 분명히 하면서 시간을 보냈다. 그녀는 자신에게 정말 중요한 것이 분명해졌을 때, 삶의 모든 네 가지 면, 즉 육체적, 정신적, 영적, 사회적/감정적인 부분에서 균형을 잡기 위한 목적을 변경하고 더 잘 집중할 수 있었다. 이제 매일 일하면서 영감을 주는 음악을 듣기 시작하고 책상 위의 눈에 보이는 곳에 과일과 건강한 간식을 놓았으며, 적어도 한 가지 스트레스의 휴식을 위해 낮에 15분간 산책을 하고, 일주일에 두 번 운동수업을 받고, 사무실 창문을 통해 나무를 볼 수 있는 곳으로 의자를 옮겼다. 그녀는 이런 몇 가지 일을 한 후에, 다시 승진한 새로운 일을 아주 잘 해냈고, 이제 스트레스를 어떻게 다뤄야 할지를 알았다.

인생에서 전략적 미션을 명확히 하면, 잠재력을 발휘하고 스트레스를 줄일 수 있다. 여러분은 '네'라고 말할 때와 '아니요'라고 말할 때를 알고 있다. 코치는 다음 특성이 적혀있는 개인미션 선언문의 개념을 개인에게 알려줌으로써 도와줄 수 있다.

미션 선언문은 다음의 목적들을 완수한다.

7장 • 전략적 명확성 추구

- 개인에게 가장 중요한 것을 명확히 한다.
- 집중과 명확성을 제공한다.
- 개인이 외부 힘으로 설계하는 대신 자신의 삶을 설계하도록 돕는다.
- 시간과 에너지를 쓰는 방법에 대한 매일 매일의 결정을 이끈다.
- 더 큰 의미와 목적을 준다.

궁극적으로 개인미션 선언문은 "내부에서 타오르는 동의"의 토대를 형성한다. 이는 개인이 조직적 성공뿐만 아니라 삶의 성공을 평가하도록 돕는다. 사람은 개인적 미션 및 비전과 연관된 것을 성취했을 때, 기분이 최고로 좋다.

내 이야기

20대 중반에 나는 빠르게 변하는 수준 높은 경력에 몰두했다. 경제는 호황이었고, 나는 기업 리더십이란 파도에서 서핑을 하고 있었다. 내 고객 중에는 정부 기관뿐만 아니라 포천지에서 선정한 500대 기업도 많이 포함되어 있다. 나는 경영 컨설턴트로서 조직 행동과 리더십 개발 분야에서 높은 성과를 올린 많은 훌륭한 코치와 함께 일하면서, 주요 기업의 리더에게 영향을 줬다.

나는 개인이 자신의 개인미션 선언문을 공들여 만들기 위한 기본적인 가치와 원칙을 알게 도와주는 방법을 알았다. 개인은 그런 선언문 덕분에 삶과 일에서 비전을 정의하고 목소리를 찾을 수 있었다. 나는 "목표를 마음에 새기고 시작하라."라고 그들에게 가르쳤으며 개인 및 직업적 삶에서 이르고 싶은 곳을 분명히 정하도록 리더와 매니저를 도왔다. 개인이 미션과 전략적 길로 가도록 비전과 목적을 세우는 일을 도왔다.

하고 있는 일에는 만족했지만 가고 있는 곳에는 만족하지 않았다. 궁극적으로 직업상 있고 싶은 곳에 대한 강한 비전을 갖고 있었다. 나는 다양한 세계적인 기업에 있는 경험 많은 최고 경영진뿐만 아니라 다우 케미칼, 웨스팅하우스, 로스 알라모스 국

7장 • 전략적 명확성 추구

립연구소 등에서 일하는 박사학위를 소지한 과학자들을 가르쳤다. 내 인생을 다음 단계로 끌어올리려고 선택사항을 많이 찾아보았다. 대학원에 가야 할지, 국제 경력을 쌓아야 할지, 결혼을 하거나 내 사업을 시작해야 할지 확실하지 않았다.

여기 있는 나는 다국적 기업에서 일하는 리더의 운명에 영향을 주는 보수가 좋은 경영 컨설턴트지만, 나 자신의 인생에 대한 결정을 내리는 데에는 전략적 명확성이 부족했다. 미래 경력에 대한 분명한 비전이 없자, 점점 더 좌절하고 혼란스러워졌다. 어떤 것도 그다지 맞지 않는 것 같았다. 매주 내 전문 분야에서 일하면서 매니저와 리더에게 전략적 명확성과 집중을 가르치는 모습과는 모순되게도, 내 개인적인 미래는 너무나 불투명한 것 같았다. 나 자신의 길을 설계하는 것이 왜 그렇게 힘들었을까?

나는 스스로에 대해 많은 분석과 반성을 하기 시작했다.

마침내 몇 주 동안 앞날을 깊이 생각한 후 패커드 일렉트릭 경영진과의 업무로 출장 가던 도중에, 나는 몇 시간 동안의 주의 깊은 자기반성으로 생겨난 자신감이 가득해져서 한밤중에 벌떡 일어났다. 곧바로 침대에서 뛰어내려와 개인 비전, 미션, 목표를 기반으로 미래를 위한 구체적인 단계와 일정표를 짜기 시작했다. 나 자신의 임원코치가 되고 있었다.

또한 나는 안내와 방향을 알려주는 두 명의 코치를 찾아냈는데, 이들은 나와 가까이 일했던 사람들이었다. 그들과 여러 가지 참여에 대해 상의했으며, 내 경력을 안내하는 그들의 인생 경험과 자신감을 아주 많이 신뢰하고 존경했다. 이들은 내가 더 많이 원하고 필요로 하는 국제 경험을 얻기 위해 머물거나 떠나는 선택 중 어느 쪽이 비용과 이익 면에서 좋은지를 결정하게 도와주었다. 또한 그들은 내가 전일제 대학원 과정, 외부 컨설팅 경험, 또는 사업을 이끌고 경영하는 일 등 선택사항을 따져보게 도와주었다.

　　　　　　　7장 • 전략적 명확성 추구

내 로드맵은 이상하게도 직관과는 반대였지만, 훌륭한 코칭 덕분에 어느 정도 더할 나위 없이 분명해졌다. 나는 보수가 좋으며 내 분야에서 최고의 리더와 함께 일하고 동료라기보다 가족 같이 느꼈던 큰 컨설팅 회사를 떠날 용기가 생겼다. 하지만 이것이 옳은 결정임을 알았다. 두 달 만에 집을 팔고 직장을 그만둔 후, 남중국 공과대학에서 1년간의 교직 제안을 받아들이고, 중국 광저우에서 나이키를 위한 비즈니스 개발 프로그램을 이끌었으며, 뉴욕시에 있는 컬럼비아대학에서 조직 행동학 전공으로 대학원 공부를 시작했다.

내 로드맵은 단기적인 경제적 이익과 정말 좋아했던 리더십 개발 회사에서 보낸 8년간의 투자를 고려하면 말이 되지 않았다. 하지만 단기적인 희생은 나한테 괜찮았다. 분명하고 강한 비전을 추구하는 동안, 저축한 돈이 줄어들고 일류 아이비리그 학교에서 상위 학위 취득으로 막대한 빚을 짊어지면서 전에 받던 보수의 10분의 1도 못 미치는 월급으로 외국에서 일하기 시작했다. 하지만 착실하고 엄격하게 로드맵을 따르면서, 일생에서 가장 놀라운 개인적, 사업적, 학업적, 문화적인 경험을 즐기고 있다는 사실을 알았다.

내 코치는 실제 전략적 명확성이 있는 미래 비전뿐만 아니라, 그 전략을 실행하는 행동과 꼭 해야 할 일을 도표로 그린 아주 자세한 전술 계획을 개발하게 도와주었다. 공식이 너무 단순하다는 점을 감안하면, 더 많은 사람들이 좋아하는 삶을 사는 법을 찾지 못하는 일은 유감스럽다. 아마도 사람들은 "명확히 정의된 목표가 없으면, 우리는 이상하게도 사소한 일상을 충실히 살다가 결국 그 일상의 노예가 되고 만다."라는 자주 쓰는 말에 담긴 정서에 굴복하는 것 같다.

행동 없는 비전은 꿈에 불과하다. 비전 없는 행동은 그저 시간을 흘러 보낸다. 행동하는 비전은 세상을 바꿀 수 있다.

— 조엘 A. 바커(Joel A. Barker)

7장 • 전략적 명확성 추구

단기 소음

많은 사람들의 삶은 시급하고 단기 소음이면서 상대적으로 의미 없는 요구에 의해 끌려갈 수 있다. 반대로, 성공적인 경력을 갖기 위해서는 줄곧 분명한 비전, 신중한 계획, 분석과 전략 수립이 필요하다. 여러분이 전략적 목표, 프로젝트, 팀, 부서, 가족 또는 전체 조직 중 무엇을 이끌던 간에 어떤 노력도 사실이란 점은 마찬가지다. 코치는 개인과 팀이 비전, 미션, 기여를 아주 분명히 하도록 도와준다. 다음과 같은 개인 코칭 질문이 도움을 줄 것이다.

- 어떤 삶과 경력을 갖고 싶습니까?
- 삶과 경력의 성공을 어떻게 평가할 것입니까?
- 자신의 정의에 의하면, 성공적인 삶이나 기여는 무엇입니까? 당신이 기여한 어떤 면을 균형 있게 유지하고 싶습니까?
- 가장 중요한 관계는 무엇입니까? 관계를 가깝고 친밀하며 행복하고 제대로 유지하기 위해 무엇을 하고 있습니까?

- 매일 아침 침대에서 일어나 일상을 열정적으로 지내게 만드는 것은 무엇입니까?
- 배우자와 동반자나 가족 등이 당신의 장례식에서 어떤 중요하고 의미 있는 것을 말하길 원합니까? 직장동료는 어떻습니까? 친구는요?
- 왜 당신의 팀이 존재합니까? 어떤 목적으로 일합니까? 팀 성공이 어떤 모습일까요?
- 당신의 일은 왜 존재합니까? 누구를 위해 어떤 목적으로 일합니까? 그것이 올바른 목적이 확실한가요? 목적에 도달했는지 어떻게 알 것입니까?

분명한 미션을 지닌 리더는 종종 경기를 시작하기도 전에 이긴다. 성공 의지는 중요하지만, 준비 의지가 더욱 더 중요하다.

— 마이크 슈셉스키(Mike Krzyzewski), 듀크대학교 농구감독

하지만 위대한 미션은 대개 성취를 위한 위대한 전략이 없으면 아무런 쓸모가 없다. 피터 드러커(Peter Drucker)는 "모든 원대한 전략은 결국 일로 귀결된다."라고 말했다.

전략은 조직의 비전과 미션을 이행하고자 시장, 고객, 조직 요구를 가장 잘 충족하는 핵심 역량과 자원의 활용법 안에서 방향과 계획을 정한다. 또한 전략은 시장에서 내놓는 제품, 서비스 또는 기술과 가치를 어떻게 차별화할 것인가에 관한 것이다. 전략은 회사의 독창성과 경쟁우위를 결정하고 경쟁에서 이기기 위해 운영계획, 예산, 핵심 자원을 활용하는 방법으로 구성된다. 물론 전략은 현금, 수익, 마진, 성장, 추가 자원의 증가를 이끌기 위한 영리를 추진하는 요인으로 규정된다.

개인적 미션을 이행하기 위한 전략은 개인의 가치, 목표, 목적, 계획, 자원으로 구성되며 보통 더 단순하다.

일반적으로 팀과 조직 차원에서 두 가지 종류의 전략이 있다. 경쟁 전략은 제품과 서비스를 두고서 경쟁하는 이유, 대상, 장소, 상대를 정한다. 운영 전략은 핵심 운영 능력, 강점, 독특한 노하우, 지적 재산권, 절차, 파트너십, 유통, 인력, 제휴 등의 우선순위를 어떻게 매기고 활용할지를 정한다. 코치는 리더가 전략을 개발하게 도우면서 다음의 전략적 질문을 해야 한다.

- 주요 고객은 누구입니까? 그들의 요구는 무엇입니까? 경쟁업체보다 그들의 요구를 더 만족하려면 어떻게 가치를 잘 추가할 수 있습니까?
- 어디에서 경쟁할 것입니까? 독특한 경쟁우위는 무엇입니까?
- 어떤 제품이나 서비스를 내놓거나 내놓지 않을 것입니까?
- 파트너, 고객, 공급업체, 유통업체와의 관계를 어떻게 잘 활용할 수 있습니까?
- 핵심 경쟁업무를 지원하기 위해 다양한 사업단위, 지역, 경로에 걸쳐 어떻게 자원을 잘 배치할 수 있습니까?
- 운영 면에서 스스로를 경쟁업체와 어떻게 차별화할 것입니까?
- 어떤 역량에 투자해야 합니까? 투자하지 말아야 하는 것은 무엇입니까?

7장 • 전략적 명확성 추구

여러분이 경쟁 전략의 규정을 도와주었다면, 이제는 경영진과 함께 전략적 서사를 만들어 분명하고 강력하며 마음을 끌어당기는 이야기를 말할 때이다.

다음에 나올 도표는 전략적 서사 작성법의 요소를 보여준다. 어떤 코치라도 리더, 매니저, 팀이 전략적 방향을 명확히 하게 돕는 올바른 질문으로 알맞은 일에 집중해서 완벽히 실행할 수 있도록 도와주는 데에 이를 사용할 수 있다. 이 도표는 전략적 서사를 작성하고 전달하려는 강력한 코칭 질문이 여러 개 이어진 다음에 뒤따른다.

첫째, 전략을 정하기 전에 고려해야 하는 중요한 산업군과 이슈를 나타내는 "전략적 맥락"의 정의로 시작하라. 전략적 맥락을 정하려면, 이렇게 질문하라. 사업 환경을 바꾸는 외부 요인은 무엇인가?

둘째, "해야 할 일" 즉, 시장, 고객, 사업 목적에 있는 독특한 가치를 정의하라. 당신의 (내ㆍ외부) 고

전략적 서사

조직에 가장
영향력 있는
변화를 미치는
경쟁 분야와 산업군은
무엇입니까?

전략적
맥락

끝내야 할 일

부서/사업부
목적

핵심 역량

수익모델

고객을
최고로 만족시키는 데
활용해야 하는
2~3가지 세계 수준의
역량은 무엇입니까?

어떻게
돈을 벌고, 경제적 보상을
극대화하며, 심지어 더
많은 자원을
창출할 것입니까?

앞으로 2년~5년에 걸쳐
전략적 목적의
달성을 도와줄
몇 가지(4개 또는 6개)
주요 중장기 전략의
추진력은 무엇입니까?

전략적
추측

SNS

전략적 서사 명세서

1~5단계를 앞으로 2~5년에 걸쳐 부서/팀이 참여할
한 장의 집중적이고 강력한 이야기로 요약하시오.

직접적으로 영향을 미치는 부서/사업부를 토대로 전략적 질문에 답하시오.

전략적 방향 추진과 집중

객은 누구인가? 고객은 무엇을 위해 당신을 고용했을까? 당신은 그 일을 얼마나 잘 하는가?

셋째, 사업부의 수익모델을 정의하라. 얼마나 많은 현금이 필요한가? 이윤을 얼마나 얻어야 하나? (재고, 제품 또는 서비스 생산 속도) 등 필요한 속도는 무엇인가? 어느 정도의 매출 증대가 필요한가? 수익성 있고 지속 가능한 성장을 어떻게 유지할 수 있는가?

넷째, 핵심 역량을 정의하라. 누구보다 잘 할 수 있는 것이 무엇인가? 고객을 위해 일을 더 잘하려면 얻거나 향상해야 하는 한두 가지 핵심 역량은 무엇인가?

다섯째, 몇 가지 "전략적 추측" 사항을 정의하라. 앞으로 2~4년에 걸쳐 사업의 성과를 크게 향상할 수 있게 만드는 경쟁적 추진력은 무엇인가? 당신이 5년~10년 비전 달성을 돕는 올바른 이정표와 목표에 도달하기 위해 주요 전략적 추측이 어떠한 도움이 되겠는가?

다음은 부서, 사업부, 팀이 명확성과 단순함을 추진하게 도와준 강력한 전략적 코칭 질문을 제시하는 전략적 서사 도구의 예이다. 그래서 리더와 팀은 가장 중요한 전략적 우선순위와 목적을 분명하게 설명하고 전달할 수 있다.

코치가 경쟁 전략의 수립을 도왔다면, 이제 전략 작업을 위한 올바른 목표를 세우고 조정할 때이다. 분명하고 측정 가능하며 시간제한적인 목표가 없다면, 전략은 선반 어딘가에서 먼지가 수북이 쌓인 채로 쓰지 않는 서류철로 변해버린다. 왜냐면 아무도 실제로 구체적인 것을 실행할 책임이 없기 때문이다.

훌륭한 코치는 전략이 조직 고위층에서부터 모든 사업부, 기능 업무, 팀, 심지어 생산하는 개인 수준에 이르기까지 실행 가능한 목표로 확실히 바뀌도록 돕는다. 이를 "가시선(line of sight)"의 창출이라고 부른다. 모든 수준의 모든 목표는 전반적인 회사의 비전 및 전략과 분명하게 연결되고 맞춰져야 한다.

정보를 간략한 글로 요약하시오.

전략적 맥락

우리의 전략적 서사(SN) 부분에 영향을 주는 주요 산업군:

①
②
③
④

조직의 목적

① 우리는 _____로 고객을 위해 가치를 창조할 것입니다.
② 우리는 _____로 돈을 벌거나 자원을 생성할 것입니다.
③ 우리는 _____ 를(을) 이유로 누구보다 더 잘 역량을 이용할 수 있다.

전략적 추측

우리가 앞으로 2~5년 안에 승리하기 위한 주요 추측:

①
②
③
④

전략적 서사 원고

우리 부서/팀/단체가 완전히 참여하게 마음을 사로잡는 1페이지의 전략적 서사를 작성하시오.

전략적 서사 개발을 위한 서식

부서/사업부/팀의 목적을 간략히 서술하시오.

목표 조정, 명확성, 책임감의 추진

목표의 폭포

회사
우선순위와
목표

사업/기능
목표

팀
목표

개인적 성과
목표

회사의 목표에 대한 가시선

성과가 높은 조직은 "가시선"을 만들어낸다.

강력하고 강렬한 목표를 때맞춰 떠올리게 하는 것만큼 팀원에게 활기를 불어넣는 일은 없다. 내 동료인 빌 베넷(Bill Bennett)은 종종 이렇게 말한다. "사람이나 팀을 피곤하게 만드는 것은 쉬운 일이다. 안개가 있거나 명확성이 부족하면 된다." 사람은 기대하는 바, 정해진 목표, 목표 달성 방법, 성취해야

7장 • 전략적 명확성 추구

하는 시기를 분명히 해야 하며, 이는 구체적이고 현실적이고 측정 가능한 목표를 세우는 것을 뜻한다.

내 경험상 사람과 조직이 분명하고 현실적이고 측정 가능한 목표가 있는 경우는 거의 없다. 대신에 목표는 대개 아래의 예처럼 애매하고 모호한 표어의 형태이다.

- "언제나 고객이 최우선이다."
- "안전이 우선이다."
- "더 좋게, 더 빠르게, 더 싸게."
- "품질이 제일이다."
- "번호를 눌러라."

이와 같은 모호한 표어는 팀이 성취할 일이나 할 일을 정말로 알기 힘들게 한다. 반대로 구체적인 목표는 분명하고 객관적으로 측정되며 다음과 같은 공식으로 작성할 수 있다.

"언제까지 X에서 Y로"

언제까지 X에서 Y로

이는 "우리가 지금 X(기준선인 현재 상태)에서 일을 완료하는 예정된 미래 날짜(시각표)까지 Y(결승선인 미래 상태)가 되길 원한다는 뜻이다."

다음은 X에서 Y공식을 사용한 구체적인 목표와 목적의 몇 가지 예시이다.

• 올해 1억 5천 달러에서 2억 2천 5백만 달러로 신제품 매출 증가

- 이번 회계연도에 기업 부채 1백만 달러 중 50%를 상환
- 2분기까지 기록된 고객 품질 문제 30%까지 감소
- 4분기까지 10일에서 2일로 청구 마감율 증가
- 2분기까지 82%에서 91%로 운영 생산 증가
- 4분기까지 48시간에서 12시간으로 발송 요청 감소
- 연말까지 14일에서 48시간으로 프로젝트 견적 시간 감소
- 4분기까지 5개 부분에서 청색으로 측정되어 프로젝트 개시 준비 100% 달성
- 3분기까지 고객 90%에 대한 응답 시간을 48시간에서 8시간으로 감소
- 연말까지 생산 가동 시간(인력과 장비)의 95% 달성
- 4분기까지 고객 득점표에서 90% 이상의 순위 달성

좋은 목표는 분명하고 구체적이고 성취가능하며 측정할 수 있어야 한다. "부채 감소"같은 일반적인 표

현은 실행가능과는 다소 거리가 멀다. "50%까지 부채 감소"는 측정할 수 있지만 완료 날짜가 없기 때문에 여전히 약하다. 더 정확한 목표를 표현한 문장은 "회계 연말까지 50% 부채 감소"와 같은 것이다. 작고한 피터 드러커(Peter Drucker)는 "측정되는 것은 관리되며, 관리되는 것은 완성된다."라고 말했다.

목표는 적을수록 더 좋다. 우리는 항상 직업과 개인 생활에서 추구할만한 좋은 것을 아주 많이 찾을 수 있다. 하지만 모든 것이 중요하다면, 어떤 것도 중요하지 않다. 목표를 수립할 때는 적을수록 더 좋다. 10가지 "우선" 목표는 팀의 집중을 빠르게 약화시킬 것이다.

너무 많은 "주요" 목표에 에너지가 흡수되듯이 좋은 아이디어가 급류처럼 많다면 뚝뚝 떨어지는 물방울처럼 약하게 바뀔 수 있다. 전략적 목표를 기껏해야 하나에서 세 가지로, 몇 개 정도로 좁혀서 선택하게 돕는 일은 코치의 중요한 의무이다.

7장 • 전략적 명확성 추구

이런 전략적 우선순위와 목적을 "아주 중요한 목표(Wildly Important Goals, WIGs)"라고 정의한다. 아주 중요한 목표란 전략 이행을 위해 올해 꼭 이루지 않으면 성취한 그 어떤 것도 정말 중요하지 않은, 필수적인 몇 가지 가장 중요한 목표를 일컫는다. 아주 중요한 목표의 개념은 사람들이 많은 2차 목표나 일상 목표와 성취해야 하는 중요한 목표 간의 차이를 구별하도록 도와준다.

아이젠하워(Eisenhower) 대통령과 케네디(Kennedy) 대통령이 미국 국민에게 우주 탐험에 도전하게 제시하는 방식을 통해 드러난 두 사람의 차이에 주목하라. 아이젠하워는 이렇게 말했다. "미국은 우주 탐험에서 세계를 이끌 필요가 있습니다." 반면에 케네디는 이렇게 말했다. "우리는 휴스턴에 있는 통제소에서 약 38만 6천km 떨어진 달로, 일부는 아직 발명조차 되지 않은 새로운 금속 합금으로 만들어진 축구장 크기의 91m가 넘는 커다란 로켓을 보낼 것입니다. 로켓은 이전에 경험했던 것보다 몇 배이상 열과 중압을 견딜 수 있으며, 최고급 시계보다 더 정확하게 조립되었고, 추진력, 유도, 제어, 통신, 식량과 생존에 필요한 모든 장비를 싣고 시도되지 않은 미션을 갖고 미지의 천체로 향한 후, 시간당 4만*km* 이상의 속도로 대기에 다시 진입해 태양 온도의 절반 정도의 열을 내면서 지구로 안전하게 돌아올 것입니다……. 이 모든 일을 하되, 제대로 하며, 10년이 지나기 전에 최초로 할 것입니다."

케네디의 매우 구체적인 비전과 목표와 시간은 고무적인 도전에 참여하도록 전 국민을 자극했다. 사람들은 집을 팔고, 미래 우주산업을 위해 진행되는 흥미로운 비전의 일부가 될 기회를 잡으려고 플로리다와 텍사스로 이사했다. 장대한 목표는 하위 목표와 프로젝트로 바뀌었다. 우주산업의 일상 업무는 큰 비전과 강렬한 목적과 연관되어 있다. 케네디 대통령은 정확한 도전 과제와 함께 국민들의 책무에 동기를 부여하고자 전략적 이유를 제시했다.

코치는 다음 질문을 통해 사람들이 놀랄만한 명확성을 얻도록 도와줄 수 있다.

　　　　　　7장 • 전략적 명확성 추구

- 성취해야 하는 목표(WIG)나 실패한 전략은 무엇입니까?
- 조직이나 팀의 최우선순위는 무엇입니까?
- 가치 있는 활동이나 목적은 무엇입니까?
- 다양한 주요 우선순위가 주어진다면, 무엇이 안 된다고 말할 수 있습니까?

분명히 많은 목표가 중요하지만 가장 전략적이거나 아주 중요한 목표에 비해 덜 중요하므로, 코치는 모든 사람이 이를 인식하게 도와야 한다.

다음은 어떤 리더나 매니저라도 성공적인 목표 설정 과정에 참여하는 데 도움이 되는 몇 가지 코칭 질문이다.

① 회사의 비전과 전략과 관련된 당신의 역할은 무엇입니까?
② 당신의 팀은 앞으로 1년~3년 내에 달성할 가장 중요한 사업 격차나 사업 기회를 감지합니까?
③ 이런 격차나 기회가 조직이 바라는 미래 비전,

미션, 전략과 직접적으로 연관이 있습니까?

④ 비전, 미션, 전략을 실행하려면, 사업부나 팀에서 성취해야 하는 두세 가지 가장 중요한 목표는 무엇입니까?

⑤ 이들 목표 달성에 어떤 혜택이나 가치가 있습니까?

⑥ 이들 목표를 달성하지 않으면 어떤 비용이 듭니까?

⑦ 당신의 주요 목표와 한 단계 높은 목표 사이에 분명한 가시선이 존재합니까?

⑧ 주요 목표와 한 단계 낮은 목표 사이에 분명한 가시선이 존재합니까?

⑨ 팀원 전부 목표, 비즈니스 사례, 그리고 이들 성취의 중요성을 알고 있습니까?

⑩ 모든 팀원이 목표를 성취하기 위해 전념하고 맞추고 있습니까?

⑪ 주요 목표는 성공을 보여주는 타당하고 믿을 만한 평가가 있습니까? 또한 그 목표는 쉽게 기록되며 매달 평가할 수 있습니까?

⑫ 목표와 평가를 정말 성취하거나 얻을 수 있습

니까?

⑬ 각 목표는 "언제까지 X에서 Y" 공식으로 작성
되었습니까?

⑭ 우리는 목표를 성취하기 위해 부여된 적절한 팀
원과 자원이 전부 있습니까?

일상생활에서 계속되는 소음과 중요하지 않은 부
분이 있는 가운데, 사람들은 코칭을 통해 필수적인
몇 가지 가장 중요한 전략적 목표를 정의할 수 있
다. 성공적인 리더와 매니저와 팀은 일상 업무의 우
선순위에 있는 많은 시급한 일과 가장 전략적으로
중요한 목표 및 목적 간의 차이를 구별하는 일을
한다.

8

완벽한 실행

원대한 전략이나 아주 중요한 목표를 제시하는 일과 이들을 실제로 완성하는 일은 전혀 다르다. 리더가 자신의 전략을 많이 좋아할수록 실제로 성취되는 것을 더욱 더 과소평가할 것이다. 전략이 준비되면, 이를 시행해야 한다. 전략분야에서 세계 최고의 사상가인 하버드 비즈니스 스쿨의 마이클 포터(Michael Porter) 교수는 "A학점의 실행력과 B학점의 전략을 갖는 것이 그 반대보다 더 좋다."라고 말한 것으로 유명하다.

코치로서 리더나 매니저는 팀과 개인이 실행 격차로 널리 인정된 부분과 가까워지도록 도와줄 중요한 책임이 있다. 개인이 뛰어나고 싶다면, 먼저 전략적 목표를 분명히 한 뒤에 완벽히 실행해야 한다. 실행이 없으면, 비전은 그저 희망이나 소원, 혹은 꿈일 뿐이고 최고의 전략은 실패하거나 기껏해야 짧게 살아남을 것이다. 리더, 매니저, 팀이 신용과 신뢰를 잃는 주요 이유 중의 하나는 전략과 목표를 실행할 능력이 없기 때문이다.

누구나 이 사실을 알고 있다. 하지만, 실행 격차는 대부분의 조직에서 최대 도전 과제로 남아 있다.

실행지수(xQ) 조사라고 불리는 전략 및 목표 실행 주제에 대한 세계적인 조사는 18개의 세계적인 기업과 20개 언어에 걸쳐 50만 명 이상의 리더와 팀을 대상으로 데이터를 모았다. 실행지수조사 결과는 전략 및 목표 실행에 공통 문제가 있다는 사실을 보여준다. 데이터를 통해 완벽한 실행이 실패한 데에는 4가지 주요 근본 원인이 있음을 입증했다. 이 문제는 산업이나 문화 분야에서도 크게 다르지 않았다.

① **목표의 명확성.** 85%의 응답자는 일하고 있는 조직의 목표를 몰랐다. 44%의 사람들은 알고는 있지만, 목표 확인을 요청받았을 때에 15%만이 실제로 확인할 수 있었다.

② **활용된 행동.** 85%의 응답자는 조직 목표를 이루기 위해 할 일을 알지 못했다. 그들은 종종 하는 일에 대한 전략적 이유를 몰랐다.

③ **눈에 띄는 스코어보드.** 87%의 응답자는 회사가 가장 중요한 목표와 관련해 성공하는지 실패하는지를 알지 못했다. 그들은 점수를 아예 몰랐다. 또는 그들이 알았다면, 너무 늦어서 어떤 것도 할 수 없어진 다음에만 나타나는 결과인 역사적인 "지연 조치"를 거의 항상 보고 있다.

④ **매주 책임.** 79%는 아주 중요한 목표를 위한 진행 과정이 부족한 데에 책임이 없다고 답했다. 21%만이 자신의 가장 중요한 목표 성취 평가를 위해 매월 상사를 만났다. 대개 책임은 상의하달식이며 처벌이나 위협을 받거나, 잘해봐야 부드럽고 관대하며 드물었다.

결과적으로 하버드 비즈니스 리뷰에 실린 마이클 맨킨스(Michael Mankins)와 리차드 스틸(Richard Steel)의 조사에 따르면 "회사는 대체로 전략이 약속한 재정 성과의 단 63%만을 내놓는다". 일반적으로 문제는 전략이 아니라 실행에 있다.

왜 개인과 팀은 좋은 전략이 세워졌는데도 가장 중요한 목표를 달성하는 데 자주 실패할까? 내 경험상, 그들은 목표와 다소 차이가 있으며 시급한 문제와 행정적인 일 등 일상적인 요구 사항인 "정신 없는 일"로 힘들어하기 때문에 이런 일을 대부분 자주 겪는다. 전략적 목표는 전자 우편, 전화, 필요 이상의 회의, 불필요한 보고서, 사람의 "긴급" 요청, 일상 업무 활동 등으로 어지러운 정신 공간에서 길을 잃는다. 모든 사람들은 이런 자질구레한 일로 바쁘지만 성과가 없으며, 실제 목표에서 벗어나 있다.

일상의 긴급한 사항이 전략적 우선순위보다 먼저 일어나면, 중요성보다 긴급사항이 항상 이긴다. 왜 그럴까? 긴급한 일이 즉각적이고 가까우며 눈앞에 닥친 사항인 반면에, 전략적 목표는 대개 장기적이며 급하지 않으며 새로운 생각과 행동을 필요로 한다. 이렇게 생각해보라. 조직에 속한 개인이 분명한 전략이나 목표가 없더라도 바쁠까? 답은 '그렇다'이며, 이는 걱정스러운 대답이다.

나는 대형 제조사에서 일하는 고위 임원과 그의 팀을 코칭하고 있었다. 그 임원은 이렇게 말했다. "우리 직원은 내가 '주의력 결핍장애에 의한 관리, 즉 MADD'라고 부르는 상황에 현혹되고 휘말리기 매우 싫습니다. 모든 긴급 요구와 프로젝트가 전부 중요해집니다. 긴급 업무가 너무 눈이 부시고 유혹적이어서, 우리는 이를 뒤쫓아서 곧바로 고치려고 합니다. 이쪽 불에서 저쪽 불로 하루 종일 뛰어다니면서 우리 시간을 전부 써버리기가 너무 쉽습니다. 일주일이 지나면 우리는 바쁘게 지내며 피곤해졌으며 완전히 지친 상태가 되었지만, 가장 전략적으로 중요한 일을 하나도 이루지 못했다는 사실을 깨닫습니다. 우리는 시급하지만 덜 중요한 많은 일의 횡

포에 빠져있습니다."

대부분의 사람들은 잠재력과 생산성을 가장 잘 개발하고 발휘하고 최대화할 중요한 목표에 집중하지 않아도, 사무실의 일상 업무에서 시급하고 행정적인 일을 충분히 찾을 수 있다. 사람들은 매일 출근해서 모든 종류의 일을 끝낸다. 하지만 그들은 제대로 된 일을 끝내는 데 집중했을까? 개인은 아주 열심히 일했겠지만 가장 중요한 일을 하지 못했을 수 있다. 스트레스를 받으면서 가장 중요한 길을 그저 잃었을지도 모른다. 많은 이들이 전략적 성취를 위한 활동과 노력을 하면서 실수한다.

그러면 코치는 이런 잃어버린 시나리오를 어디에서 끼워 맞추는가?

코치는 개인이 정신없는 상황을 인식하게 도와준다. 이런 갈등이 먼저 해결되지 않으면, 목표 진행은 아주 느리거나 일시적이거나 제대로 통제되지 않을 것이다. 코치는 직장에서 하루를 보내는 단기적이고 정신없는("시급한") 활동과 비전과 전략을 실행하는 장기적인 (실질적으로 중요한) 목표 간의 갈등을 인식하게 개인을 도와야 한다.

종종 사람들은 정신없는 상황을 알지 못하므로, 좋은 코치는 전략적 목표와 단순히 시급한 일 사이의 차이를 구별하도록 개인을 도와준다. 코치는 이렇게 질문해야 한다. "정신없는 일이 어떻게 생겨났는가? 단기적인 시급한 일에 그냥 집중해서 끝내고 싶어지면, 시간이 지남에 따라 당신의 더 중요한 목표와 목적에는 어떤 일이 벌어질까? 어떤 특정한 일이 당신의 시간, 에너지, 자원과 겨루는가? 언제 '시급한' 힘과 '중요한' 힘이 충돌하며, 그때 어느 쪽이 항상 이기는가?"

《좋은 기업을 넘어 위대한 기업으로(Good to Great)》의 저자인 짐 콜린스(Jim Collins)는 대부분의 개인은 규율이 부족하다고 말한다. "결과를 요구하는 규율, 지속된 결과를 스스로 유지하는 규율, 결과물을 내놓기 위한 조언을 이해하는 규율, 편의적인 단기 기회에 굴복하지 않고 장기적 기회를 쌓는 규율, 우리가 세상에서 누구보다 더 잘 할 수 있는 것에만 성장을 유지하는 규율, 반대로 하면 압박을 받을지라도 그 자리를 위한 적절한 사람만을 자리에 두는 규율, 고위층에서부터 가장 말단에까지 행동과 습관을 바꾸는 규율. 이것들은 위대함의 몇 가지 주요 규율이다."

코치는 이런 규율을 심어주는 데 주요 역할을 한다. 코치는 4가지 실행 규율로 개인을 훈련시켜야 한다.

① "아주 중요한 목표"에 집중한다.
② 선두 조치에 따라 행동한다.
③ 눈에 띄는 스코어보드를 유지한다.
④ 책임 있는 카덴스를 만든다.

"아주 중요한 목표"(WIG)에 집중

올해 성공을 이루기 위해 집중할 수 있는 가장 중

요한 목표는 무엇인가? 훌륭한 코치는 사람들이 항상 실행할 능력, 시간, 돈보다 더 좋은 아이디어가 있다는 것을 깨닫게 도와줘서, 그들이 한 번에 하나에서 세 가지 미만으로 목표를 제한하게 한다. 이는 "아주 중요한 목표(WIGs)"이며, 다음과 같이 질문한다. 올해 꼭 이루지 않으면 그 어떤 것도 정말로 중요하지 않은 가장 중요한 목표는 무엇인가? 각각의 아주 중요한 목표는 "언제까지 X에서 Y로"의 분명한 공식으로 작성되어, 개인이 언제까지 성취할 필요가 있는지에 대한 분명한 방향을 갖는다. 그러면 목표가 모호해지거나 정신없는 상황으로 무색해질 가능성은 없다.

선두 조치에 따라 행동한다.

성공을 향한 목표 추진을 위해 이번 주에 할 수 있는 활용 행동이나 예방 행동은 무엇인가? 앞서 논의했듯이, 훌륭한 코치는 개인이 지연 조치(최종 결과)에 그냥 집중만 하는 일은 소용없다는 사실을 깨닫게 도와준다. 영업 책임자는 영업사원이 판매 목표를 달성하도록 전화로 구슬리면서 일주일 내내 시간을 보낼지도 모르지만, 그다지 도움이 되지 않을 것이다.

대신에 코치는 개인이 통제할 수 있고 목표 달성을 이끄는 행동, 즉 선두 조치를 인식하게 도와줄 필요가 있다. 개인은 매주 목표를 추진하는 실질적인 일을 확인해야 한다. 선두 조치는 목표 달성을 예측하는 일일 또는 주간 행동이다. 선두 조치는 지연 조치보다 더 영향을 주기 쉽지만 평가하기가 더 힘들다. 모든 사람은 일일 또는 주간에 선두 조치에 대한 진행사항을 정의하고 추적하고 보고해야 한다.

목표가 연말까지 2백만 달러에서 4백만 달러로 올해 신규 영업매출을 올린다고 가정하라. 아래는 예측된 영향력을 주는 측정 가능한(PIM) 영업 선두 조치의 예시이다.

• 매주 새롭게 자격을 갖춘 구매자에게 두 건의 계

약을 제안한다.

- 매주 신규 잠재고객에게 50건의 전화를 건다 (80%는 온라인 마케팅 책자를 받는다).

- 매주 (판매 권유에서 가깝게 이동한) 대상 구매자에게 40건의 확인전화를 한다.

- 매주 기존 고객에게 두 건의 새로운 검증된 추천을 받는다.

영업 책임자는 팀원이 사전에 이런 일을 실행하고 영업 목표에만 집중하지 않게 해줄 수 있다. 개인과 팀원이 실제로 영향을 끼칠 수 있는 것을 선두 조치로 정확하게 정하고 보여준다면, 그 목표는 자체적으로 이뤄질 것이다. 예를 들어, 연간 또는 분기별 신규 영업매출 목표(지연 조치)에 중점을 두는 대신에, 코치는 리더가 매주 주요 결정권자에게 발표하는 대면 회의 횟수(선두 조치)에 중점을 두도록 도와야 한다. 선두 조치는 세밀하고 영향을 줄 수 있는 아래까지 미치는 조치이며 성공에 필수이다.

눈에 띄는 스코어보드를 유지하라

모든 사람이 게임에 참여해 이기는지 아닌지를 우리는 어떻게 알 수 있을까? 모든 사람은 스코어보드(scoreboard, 점수판)의 힘을 알고 있다. 스코어보드가 있으면, 모든 사람들은 다른 이들이 무엇을 하고 있는지 알게 된다. 사람들은 점수를 유지하고 있을 때 이를 심각하게 받아들이며 게임을 달리 한다. 훌륭한 코치는 개인과 팀이 규칙적이고 시각적이며 설득력까지 있는 "팀원" 스코어보드를 도입하도록 도와야 한다. 잠재적 결과는 팀원이 게임에 참여하도록 동기를 부여한다.

점수 유지는 항상 게임을 더 재미있고 매력적으로 만든다. 팀원은 몇 점인지, 누가 이기거나 지는지, 얼마나 차이가 나는지를 알면 성취동기가 증가한다. 심지어 아이들도 친구들이 팔 수 있는 것보다 더 많은 쿠키를 팔려고 애쓸 때 짧은 순간이나마 사업가가 된다. 사람들은 "점수를 얻을 것"이란 사실을 알 때 자신을 신체적이고 지적으로 더 힘들게 밀어붙인다.

스코어보드는 명확해야 한다. 현재 어디에 있는지 미래에 어디로 가고 싶은지 등 즉시 알아야 할 사항을 볼 수 있어야 한다. 그런 스코어보드는 이해하기 쉬워 팀에 실제로 동기를 부여한다. 스코어보드가 팀을 위해 설계되면, 축구 선수가 목표만 쫓을 경우 점수를 알지 못한다는 점을 명심하라. 모든 참가자는 실제 위치를 알려면 전체 팀 실적을 기반으로 전체 점수를 알아야 한다. 선두 및 지연 조치는 모든 팀원이 승패를 알 수 있게 뚜렷해야 한다.

다음에 나올 예시의 스코어보드를 통해 어떤 리더나 개인 팀원도 아주 중요한 목표, 즉 실제 일과 목표 추진 행동을 연결하는 선두 조치를 뚜렷하게 볼 수 있다. 이런 뚜렷한 스코어보드는 승산 있는 게임에서 팀원에게 동기를 부여하고 참여시켜, 매주 성공을 이끄는 올바른 성과 평가에 영향을 끼칠 수 있는 방법에 집중하도록 돕는다.

8장 • 완벽한 실행

눈에 띄는 스코어보드 만들기

1. 아래의 형식으로 당신의 아주 중요한 목표(WIG)를 표시하시오.

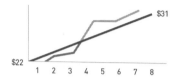

WIG(지연 조치)

(12월 31일까지
2천 2백만 달러에서
3천 1백만 달러로)
기업 행사 매출 증가

2. 예측된 영향력 있고 평가 가능한 선두 조치를 설계하시오.

동료	1	2	3	4	5	6	7	평균
킴	1	1	2	2	4	x	x	2
밥	2	2	3	2	x	x	3	2.4
카렌	1	3	2	x	x	2	2	2
총합	4	6	7	4	4	2	5	2.1

선두 조치

매주 동료마다
두 번의 우수한 사이트
방문 완료

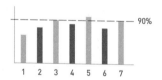

선두 조치

모든 행사의 90%까지
프리미엄 매장 패키지
상향 조정

3. "팀/참가자" 스코어보드를 눈에 띄게 명확히 작성하시오.
   아주 중요한 목표와 조치를 표시하시오.

스코어보드의 예시

책임 있는 카덴스(cadence, 억양) 만들기

사람들이 책임을 지도록 하는 것이 왜 그렇게 중요할까? 책임감이 없으면, 전념할 일도 없다. 개인은 연간, 분기별, 매월이 아니라 매주 진행 사항을 보고해야 한다. 코치는 팀이 목표와 책임 있는 회의를 매주 같은 시간에 정하게 도와줄 수 있다. 팀원은 그런 회의에서 매주 작은 성공 달성을 축하하면서, 마음을 터놓는 솔직한 환경에서 개인적인 책무와 실패를 상의한다. 이런 진행 보고는 판단이 아니라 배우는 기회이다. 이는 목표를 향해 실제로 기여했는지를 알게 도와준다. 사람들은 장애물 해결로 서로 "길 치우기"를 도와줄 때에, 지지를 쌓고 더 긍정적인 에너지를 만들며 모두가 궤도에 머물도록 돕는다.

프랭클린코비가 실시한 해리스 상호작용 조사(Harris Interactive Survey)에 따르면, 네 명 중에 한 명의 직원만이 목표의 진행 상황을 보고하러 매니저를 매월 만난다. 또한 이번 조사로 10%의 응답자만이 "팀원이 결과에 서로 책임이 있다."란 말에 동의한다는 사실을 알아냈다. 많은 경우에 책임은 처벌이 뒤따르며 위에서 아래로 전가되거나 두려움이 깔려있다. 하지만 꼭 그렇게 할 필요는 없다. 매주 아주 중요한 목표(WIG) 검토 회의는 그 자리에서 축하하고 과정을 고칠 수 있는 유연하고 의례적인 책임을 만들어 낼 수 있다.

매주 책임 회의에서 주의할 사항이 몇 가지 있다.

- 선두 조치를 이끌고 스코어보드에 영향을 주는 책무인 WIG에만 집중한다.
- 정신없는 일, 행정적 문제, 철학적 논쟁, 사무실 정치를 피한다.
- 매니저가 주도하는 토론보다 동료 간의 의사소통을 유지한다. 이 회의는 리더에 관한 것이 아니다. 팀원은 서로 책임지는 동안 서로 약속하고 보고하며 지지한다. 보고는 길고 장황한 말이 아니라 곧바로 핵심 사항으로 끝낸다.
- 매주 같은 시간, 같은 장소에서 30분이 넘지 않

게 회의한다. 초점은 시급한 사항이 아니라 중요한 책무이다.

• 매주 행동과 책무를 공유하고 방애물을 없앤다. 팀원이 힘들어하면, 팀이 그 사람을 위해 "길 치우기"를 함께 한다.

경영사례에 관한 정보를 전하는 세계적인 비영리 기구인 콘퍼런스 보드(Conference Board)에서 실시한 최근 조사에서 전 세계 CEO와 최고 경영진에게 가장 중요한 10가지 안건이 무엇인지를 물었다. 놀랍게도 수익 성장이 최하위였다. 생산성 향상과 고객 충성도는 하위 5위에 있었다. 하지만 상위 두 개는 ① 실행 우수성과 ② 최고 경영진의 꾸준한 전략 실행이었다. 이로써 뛰어나고 정확한 전략 실행을 사람들에게 지도하는 일이 이해가 된다.

완벽한 실행은 조직 성공의 성배라고 불린다. 팀이나 조직 수준에서 전략을 실행하는 조직의 성공에 정말 기본적인 일인데 왜 너무나 드물고 어려울까? 코치는 자연스럽게 실행되도록 정신적 환경과 문화를 바꾸는 일을 어떻게 도와줄 수 있을까?

그러한 변화는 펜을 움직인다고 해서 얻을 수 없다. 완벽한 실행에는 사고방식, 행동, 여러 기술의 변화가 필요하다. 나는 수년간 전 세계에서 리더십 코칭을 진행하는 동안에 수천 명의 리더와 팀에게 실행을 막는 공통 장애물이 무엇인지 알려달라고 부탁했다. 여기에 그들이 말한 상위 다섯 가지 문제가 있다.

① 고위층에 목표가 너무 많다.
② 업무 우선순위가 불분명하거나 바뀌었다.
③ 대부분의 중요한 목표가 애매모호하게만 정의되었다.
④ 동료 그룹 간의 목표가 상충되었다.
⑤ 역할과 혼란이 업무 책임을 두고 지속적으로 바뀌었다.

리더, 매니저, 그리고 직원들의 이러한 문제는 명확성, 초점, 행동의 개선이 분명히 필요하다는 점을 보여준다. 하지만 이런 문제를 해결할 때 사람들은 변화를 거부할 것이다. 그러기에 4가지 실행 규율의 패러다임 변화가 정말 필수이며 이런 규율로 개인을 코치하는 능력이 여러분의 성공 열쇠이다.

사람들이 결과 실행에 책임을 지고 옳은 방법으로 그 일을 하는 것은 리더에게 절대적으로 중요하다. 시간이 지남에 따라 올바른 가치와 행동을 지니고 자기 주도적으로 동기를 부여받아 참여하는 자율적인 문화를 개발하고자 모색하는 것이 핵심이다. 집단역학과 조직 행동 연구의 초기 선구자인 쿠르트 레빈(Kurt Lewin)은 변화의 "단단한" 면과 "부드러운" 면의 실체를 확인했다. 단단한 면은 수익과 비용처럼 가시적이고 논리적이며 합리적이고 측정할 수 있는 변화 변수인 문화적 측면을 포함한다. 반면, 부드러운 면에는 감정, 가치, 문화나 역사적 맥락, 방식, 의사소통, 다양한 추론을 다루는 사람과 문화적인 문제가 포함된다.

이런 "부드러운" 면의 변수가 단단한 면을 대표

하는 변수보다 잘 보이지는 않지만, 변화를 이끌거나 막을 수 있다. 조직 문화 개선에서 리더를 돕는 최고의 방법은, 엄청난 결과를 내놓는 데 필수적인 요소로써 부드럽거나 단단하거나 모든 사람과 모든 문제를 가치 있고 소중히 다루는 것이다. 단지 세세한 관리나 권위적인 방법으로 결과를 이루는 것이 핵심이 아니다. 이는 코칭과 멘토링, 그리고 격려를 받고 보람을 느낀 리더와 팀이 괴롭히기와 두려움과 위협적인 방법을 없애고, 당근과 채찍 접근법을 쓰는 교묘한 조작을 앞지르며, 자긍심을 파괴하려고 사기를 꺾고 모욕하며 심하게 대하는 못된 행동을 줄이는 일 등을 뜻한다.

팀원은 그러한 "구식 책임" 방법과 행동 모두가 관리에 사용되지 않을 것이란 점을 알아야 한다. 변화의 부드러운 면에서 '규율'이란 말은 부정적인 의미가 함축되어 있다. 규율은 야단맞으러 교장실에 불려가는 일이 떠오르게 만든다. 실행은 처벌이나 최악의 경우엔 죽음과 연관되어 더 나빠진다. 책임도 두렵게 들린다. 그러므로 코치로서 좋은 리더나 매니저는 규율, 실행, 책임을 제대로 보여주기 위해 이런 위협적인 단어를 목적에 맞게 바꿔야 한다. 규율은 개인에게 자유, 지지, 자율권을 주고, 실행은 변화를 일으키는 혁신적 해결책을 내놓으며 진행 중인 피드백을 제안하는 중개역할을 하고, 책임은 지속적인 향상, 실수와 최고 관행을 통한 빠른 학습, 실시간 진행되는 긍정적인 동료 간의 피드백 제공을 뜻한다. 정확히 이해하자면, 이들은 전부 긍정적이다. 실행 규율의 정신에는 우리가 그 안에 함께 있으며 시간이 지남에 따라 서로 나아지기 위해 지원하고 향상하고 협력하고 돕기 위해 여기 있다는 감정이 깔려있다.

- 사우스웨스트 항공에서 교육 및 개발을 담당한 전 부사장인 콜린 바렛은 이렇게 말했다. "황금률(자신이 대우받고 싶은 방식으로 항상 사람들을 대하는 것) 연습이 우리가 할 모든 일에 꼭 필요한 요소이다. 그렇게 되면 '황금률 행동'이 적용된 당연한 결과로 직원 생산성, 인재 유지, 고객 충성도가 더 좋아진다."

8장 • 완벽한 실행

9

효과적인 피드백 제공

모든 코치는 피드백을 주며, 몇몇 피드백은 효과적이다. 당신이 직원과 함께 원하는 결과를 성취하는 데 어떤 종류의 피드백이 도움이 되는가? 이는 향상을 위한 몇 가지 주요 영역의 목표 설정을 도와주면서, 사람들이 더 잘하고 강점에 집중하게 돕는 균형 잡힌 방법으로 피드백을 제공하면서 시작된다. 피드백 정신은 상처를 입히거나 사기나 의욕을 꺾는 것이 아니라, 향상하고 동기를 부여하고 희망을 쌓도록 돕는 것이다. 알버트 슈바이처(Albert Schweitzer)가 말했듯이, "모든 사람의 삶에는 언젠가 내부에서 타고 있는 불이 꺼진다. 그다음에 다른 사람을 만나면서 불이 확 타오르게 된다. 우리는 내부 정신을 되살리는 사람에게 모두 고마워해야 한다."

대개 우리는 피드백이 우리의 의견과 제안을 개인에게 주는 것이라고 생각한다. 하지만 코칭 맥락에서 우리는 먼저 스스로에게 피드백을 주라고 사람들에게 요청한다. 사람들은 다음과 같은 질문을 할 수 있다.

- 당신이 했던 일에서 무엇을 좋아합니까?
- 일을 잘 하고 있는 것 같습니까?
- 무엇을 다르게 했을 것 같습니까?
- 향상할 수 있는 몇 가지 분야는 무엇입니까?
- 무엇을 배웠습니까? 새로 배운 내용을 어떻게 쓸 것입니까?
- 미래에 무엇을 다르게 할 것입니까?
- 일을 다르게 하면 어떤 혜택이 있습니까?

여러분에게 제안해야 한다면, 제가 몇 가지 의견과 제안을 해도 될까요?

여러분이 코치하는 사람들은 아마도 여러분이 주려고 했던 피드백을 스스로에게 주고, 그들이 피드백을 스스로 말하면 더 많이 소유할 것이다. 그 이후에 필요하다면, 여러분은 항상 사실적인 의견과 자신이 필요한 제안을 할 수 있다.

나는 임원 회의실에서 한 CEO와 그의 고위경영진과 함께 코칭 피드백을 하는 동안에, 전체 회사에 걸쳐 행해진 직원 만족도 설문조사에서 얻은 요약 데이터를 제시하고 있었다. 기밀이자 익명의 데이터는 목표 명확성, 목표 실행, 목표의 행동 전환, 팀 시너지, 협업, 신뢰, 부서별 관계, 가장 중요한 활동에 소요된 시간, 팀 목표에 대한 책무 등의 문제를 직접적으로 언급했다. 그 자료는 저조한 직원 참여, 직원 불만족, 저평가되고 인정받지 못하다고 느끼는 사람들, 높은 결근율, 저생산성 등에서 큰 차이가 있음을 보여주었다.

고위 경영진에게 보고하는 도중에 갑자기 그 회사 소유주인 CEO가 자리에서 벌떡 일어났다. 그는

9장 • 효과적인 피드백 제공

분노로 식식거리며 말했다. "왜 직원이 생각하는 것을 일일이 신경 써야 합니까? 내가 60년대 초반에 이 회사에서 직원을 이끌었을 때, 그들은 이처럼 미친 소리를 하지 않았습니다. 그들은 대학 학위가 없었고, 온갖 종류의 혜택도 기대하지 않았습니다. 그 직원들은 일자리가 있다는 것만으로도 감사했으며 입을 꾹 다물었습니다. 이제 우리는 시간이 너무 많이 남아돌아서 주위에 앉아서 우리에게 피드백을 줄 수 없다고 자리를 차지한 채 징징거리고 툴툴거리는 사람들이 너무 많습니다."

이 최고경영자의 속말은 "당신 의견을 원한다면, 내가 당신에게 줄 것"이란 뜻이며, "직원 사기가 향상될 때까지 채찍질을 계속 할 것"이라고 나에게 경고했다. 그럼에도 나는 그의 방어적 행동에 충격을 받았다. 회의가 끝난 후, 회장과 최고운영책임자(COO)와 최고재무책임자(CFO)가 개인적으로 피드백에 대한 이런 형태의 분노 표출과 장황한 비난이 CEO의 운영 방식을 드러낸다고 내게 말했다. CEO는 내 눈을 똑바로 쳐다보며 말했다. "당신이 뭐 길래, 여기 와서 이래라 저래라 나한테 말하는 거냐?"

나는 이렇게 말했다. "외람되지만, 이것은 제 회사의 데이터가 아니라 당신 회사의 데이터입니다. 당신은 이를 받아들일지 아닐지를 선택할 수 있습니다. 당신 회사의 데이터에 어떻게 대응하고 반응할 지는 당신 선택입니다. 이는 단순히 데이터입니다. 저는 당신 직원이 가지고 있는 모든 수준의 인식을 대변하는 공통 주제와 동향과 의견을 당신에게 제시하고자 여기에 있습니다."

그는 다른 회의에 참석해야 한다며, 나와 내 동료에게 그 없이 진행하라고 지시한 후 돌아서서 자리를 떠났다. (나는 동료와 함께 나중에 이 경험을, 철권으로 조직을 이끌었던 유명한 마피아 두목을 연기한 알 파치노와 연관지어 "협박성 인간의 사건"이라고 불렀다.)

그 후 우리는 독재적인 리더의 감정적 분출과 확실히 얽히지 않고 사임한 고위 경영진의 코칭으로 초점을 바꿨다. CEO가 겸손하고 정직하며 투명하고 솔직하기를 거부하고 지난 "산업적 패러다임"으로 경영하면서 과거에 매여 살고자 고집했기 때문에, 그 회사의 조직은 정직과 학습, 성장과 향상, 그리고 개선될 엄청난 기회를 잃고 있었다.

정직한 피드백이 자기 인식에 탁월한 길을 내주고 모든 코칭 만남에 대단히 중요함에도 불구하고, 사람들이 얼마나 자주 이를 거부하는 지는 놀라운 일이다.

"말을 물가로 끌고 갈 수 있지만 억지로 마시게 할 수 없다."란 속담이 여기에 해당된다. 코칭과 결합된 피드백은 효과적이고 획기적인 변화를 이끌 수 있지만, 종종 짓눌리거나 무시당한다. 직원들은 종종 피드백을 두려워하고, 피드백이 성과 향상에 도움이 되는 실제로 삶을 지탱하는 선물이란 점을 인식하지 못한다. 많은 조직에서 높은 자리로 올라갈수록, 피드백을 수용하거나 기쁘게 받아들이는 매니저와 고위 경영진이 점점 줄어든다는 사실은 역설적이다. 그래서 코치로서 우리는 사람들이 솔직하고 도움을 주는 피드백을 받아들이게 준비시켜야 한다.

우리가 보았듯이, 많은 조직은 코칭이 거의 없거나 전혀 없는 상태에서 실질적인 동료 간 멘토링과 지원도 없으면서 제한적 피드백만 허용하는 상명하달과 지휘통제 방식의 관리로 계속 배치한다. 두려움과 희생과 비난이 조직 문화에 스며들게 되면, 방어적 태도와 참여 부족이 지배하게 된다. 스티븐 코비 박사가 말했듯이, "누군가의 손과 허리를 고용할 수 있지만, 마음과 정신과 영혼은 결코 고용할 수 없으며, 자발적으로 행해져야 한다." 코치로서 리더나 매니저는 다른 사람이 개인 및 조직적으로 "전인"을 보고 이해하도록 도와줄 수 있다. 사람은 마음과 정신과 영혼을 지니고 일하려면 자유로워야 하며 환경적으로 그런 안전과 신뢰가 격려된다면 그렇게 될 것이다. 독재자는 통제와 두려움을 즐기고 전근대적이고 비효율적인 낡은 산업화시대의 경영 방식을 영구히 유지한다. 우리는 산업화 시

9장 • 효과적인 피드백 제공

대에서 지식정보화 시대로 이동하면서, 이제 직원들은 참여하길 바라며 그들의 지적, 사회적, 감정적, 그리고 영적 자산은 직장에서 활용된다. 너무 비일비재하게 리더가 잘못된 방식으로 의사소통을 하거나 피드백을 완전히 무시하기 때문에, 사람들은 피드백을 부정적이거나 파괴적인 수단으로 인식한다. 종종 리더와 매니저는 스스로 피드백을 받을 마음의 자세나 준비가 되어 있지 않으므로, 코치로서 여러분은 피드백을 설명할 수 있기 전에 리더십 혜택의 새로운 비전으로 그들을 이끌 필요가 있을지도 모른다.

산업화 시대의 리더는 모든 결정을 내리고 사람들에게 무엇을 어떻게 하라고 지시하며 부하 직원을 일일이 간섭하며 관리하는 데 의존한다. 정보지식화 시대의 리더는 사람들이 스스로 결정을 내리게 권한을 주고 피드백에 개방적이며, 조직 목표와 우선순위에 대한 직속 부하의 재능을 발휘하고자 노력한다. 논의했듯이 평범한 리더는 외부 힘으로 사람들을 계속 통제하고 세세히 관리하고 자극

영향을 미치는 두 가지 방식의 리더십

산업적 (통제)	지식정보화 (방출)
모든 결정하기	신뢰가 높은 리더십 행동의 본보기
상사 중심의 패러다임	사람들에게 자발적 결정을 내리고 상생 방식으로 스스로 관리하는 권한 부여
무엇을 하라고 사람들에게 지시	
어떻게 하라고 사람들에게 지시	직원의 피드백과 의견에 개방적 태도
통제 체제: 상의하달식 관료 체제	최고 목표와 우선순위를 향한 재능 발휘
세세한 관리	조정된 체제, 구조, 진행 사항 창출
외부 통제: 당근과 채찍 보상	

산업화 시대의 관리 방식과 지식시대의 리더십

할 필요가 있다고 믿는다. 그들은 직원을 몰아가며, 결코 뻗어나가 역량을 넓히고 성장할 자율권을 주지 않는다. 이런 리더는 단기적이고 제한적인 결과에만 관심이 있다. 외부적으로 변화의 지시를 받으면, 그런 지시를 받은 사람들은 단기적으로 따를지

9장 • 효과적인 피드백 제공

도 모르지만 이를 완전히 받아들이지 않으며 높은 성과는 지속되지 않을 것이다. 사람들이 변화에 실제로 참여하고 소유하지 않으면, 변화에 완전히 전념하지 않아서 피드백을 거부하고 원망할 것이란 원칙을 명심해야 한다.

다음 모델은 뒤따르는 다양한 리더십 행동과 방식으로 산업화 시대의 접근 방식과 지식정보화 시대 근로자의 접근 방식의 차이를 강화한다. 리더와 매니저가 더 영향력 있는 참여 방식을 사용하도록 코칭하면, 더 많이 참여하고 신뢰받고 자율적인 사람들이 생겨나고, 지속 가능한 결과를 향해 개인과 팀을 더욱 완전히 동기 부여하는 데 큰 도움이 된다.

부정적인 반응 피하기

코치는 문제 해결사, 심리학자, 교사, 고문, 강사, 심지어 전문가가 될 필요는 없다. 코치는 개인에게 자문관과 조력자처럼 보여야 하며 인식 고취를 돕고자 리드한다. 훌륭한 코치는 사람들이 이미 그들 내면에 대단한 힘을 지니고 있다고 믿는다. 그런 사람은 코치가 개인과 직업적 전략의 맥락에서 대단한 힘을 찾도록 안전지대와 여건을 만들어낸다는 사실을 알고 있다.

사람들은 안전하다고 느끼면 어려운 문제와 직접적 데이터를 기반으로, 더 높은 수준의 자기 인식 습득과 정직한 피드백에 개방적이 될 것이다. 코치로서 여러분은 개인 및 조직 목표를 향한 재능과 열정 발휘를 돕고 지지하는 정직한 옹호자가 될 수 있다. 활발하게 피드백을 주는 문화를 창출한 조직이나 팀은 더 신속한 결정, 빠른 경로 수정, 더 높은 성과, 직원 참여, 생산성 등으로 향상된 리더십과 관리 혜택을 얻고자 한다.

일단 피드백이나 평가를 받으면, 일반적으로 조직의 많은 단계에서 일대일 코칭이 진행된다. 코치는 피드백이 조직의 생명 유지 장치이며 어떤 조직이나 팀이나 개인도 피드백 없이는 효과적으로 개

9장 • 효과적인 피드백 제공

선될 수 없다는 점을 사람들에게 상기시킬 수 있다. 피드백을 주고받는 일이 꼬리표 달기나 고치거나 해결에 초점을 두기보다는 학습 기회이기에, 코치는 다른 사람이 상황을 파악하고 주제를 탐구하고 계속되는 변화와 성과 향상을 위한 기회를 목표로 삼도록 객관적으로 돕는 중요한 사람이 될 수 있다.

나는 말레이시아의 쿠알라룸푸르에 있는 은행에서 3일간의 리더십 과정을 진행하는 동안, 리더십 지수(Leadership Quotient, LQ)라고 부르는 다면 리더십-피드백 도구를 통해 그룹을 이끌었다. 리더는 신뢰의 본보기와 확대, 팀 목적 및 비전의 명확성, 체제 조정, 목표의 명확성, 팀 재능의 발휘 등의 영역에서 자신들의 리더십 역량에 대한 직접적인 피드백을 들고 코칭 과정에 참여했다. 많은 리더들이 폭넓은 금융 경험이 있는 반면에, 다른 이들은 신참이지만 잠재력이 높은 리더였다.

둘째 날이 끝났을 때, 나는 코칭 과정에 참여한

한 신참 리더가 피드백 데이터를 검토한 후 감정적으로 엄청 화가 난 모습을 보았다. 그녀는 프로그램이 끝난 후 일대일 코칭을 요청했다. 나는 요청에 동의하고 일대일 코칭을 하는 동안 그녀가 데이터를 어떻게 이해하고, 어떤 주제를 보았으며 어떻게 느끼고 있는지에 대한 여러 개의 자유로운 코칭 질문을 했다. 우리가 이야기를 많이 할수록, 그녀는 더욱 눈에 띄게 화를 냈으며 결국 울기 시작했다. 그녀는 처음에 너무 충격을 받았고 피드백을 거부했다.

시간이 좀 지난 후에야 나는 그녀가 새로운 역할을 되돌아보고 원하는 모습의 역할과 기여에 대해 앞으로 생각하도록 도와줄 수 있다. 그녀는 더 솔직해지기 시작했고 동료와 직속 부하의 데이터 주제를 솔직하게 탐구했다. 팀이 자신에게 그런 반응을 준 이유를 찾았고, 팀 내에서 자신의 인식을 향상시킬 수 있는 핵심 통찰을 목표로 삼았다. 그녀는 몇 가지 핵심 사항에 집중하고, 전략을 도표로 하면서 새로운 자신감과 희망을 얻었다. 우리는 그녀의 강점을 최대로 활용하고 몇 가지 핵심 리더십 도구를 적용하고 팀에 최고의 영향력을 주게 돕는 작지만 중요한 단계를 확인했다. 그녀는 처음에 데이터로 인해 너무 충격을 받고 슬퍼했다. 시간이 지남에 따라, 겸손하고 자신을 반성하고 솔직해졌으며, 이렇게 새로 얻은 통찰력으로 더 잘 이해하면서 일하고자 하는 진정한 바람을 얻었다.

대형 의료회사의 한 고위 간부와 또 다른 코칭을 하는 동안에, 우리는 그의 다면 데이터를 검토했으며 일반적 주제와 문제와 강점 그리고 상사, 직속 부하, 동료, 다른 주요 응답자가 준 개선 부분에 대한 그의 반응과 생각에 대해 논의했다. 일 년에 걸쳐 그 리더와 밀접하게 일하면서 그를 아주 깊이 신뢰했고, 일대일 상황뿐만 아니라 팀과 함께 다른 상황에 많이 놓인 그를 관찰했다. 그는 진실성, 경험, 지적 역량, 재능이 훌륭한 남자였다. 그는 지속적으로 결과를 내놓았고 경영진의 신뢰도 있었다. 우리는 함께 상사의 연간 업무 평가를 포함해 인재관리부의 세 가지 다른 다면평가 자료를 검토했다.

그가 결과에서 눈부신 성과를 얻었음에도, 피드백을 통해 그의 가치와 다른 사람과의 행동적 상호작용 간에 큰 격차가 있다는 사실이 드러났다. 나는 균형 잡힌 방식으로 그와 데이터를 검토하려고 했다. 그는 자신이 뛰어나지 못한 부분인 피드백의 부정적인 면에 집중하고 집착할 수밖에 없었다. 코칭 피드백은 그에게 뒤돌아보고 부정적인 관점에서 더 균형 있는 시각과 긍정적인 접근 방식으로 다시 생각할 기회를 주었다. 많은 리더들이 처음에 부정적으로 반응하고 균형적 관점을 유지하기 보다는 개선이 필요한 자신의 약점과 부분에 근시안적으로 집중할 수도 있다.

개선을 위한 목표 지역을 들여다보면, 장점과 약점 간의 균형을 유지하는 것이 중요하다. 성과를 낸 사람은 지속적인 향상을 마음에 두고 미리 준비하면서 시간을 보낸다는 점을 명심하라. 너무 많이 하려고 애쓰지 마라. 데이터를 세분화하고 우선순위를 매기고, 개인에게 에너지와 관심과 집중을 위한 동기부여가 있는 "중요한 몇 가지" 분야를 요청하

라. 성공의 열쇠는 초점을 좁히고 이를 균형 있게 유지하며 한 번에 너무 많은 변화에 집중하지 않는 것이다. 개선 부분은 해당 이해관계자의 관계, 구체적인 행동, 새롭고 더 좋은 방법으로 행동을 받으려는 혜택에 집중해야 한다.

코칭 도구로 피드백 자료를 쓸 때, 대부분의 사람들은 낮은 점수를 직접 보고나서 부정적으로 반응하는 경향이 있다는 점을 명심하라. 몇몇 사람들은 자료에서 몇 가지 작은 문제만 지적했음에도, 저절로 부정적으로 되고 모든 면에서 실패했다고 걱정하면서 스스로에게 잘못된 이야기를 한다. 보고서에 있는 모든 문제나 격차를 해결하려고 애쓰지 마라. 높고 낮은 순위와 빈도, 양적 및 질적 데이터에 나타나는 주제나 이야기를 목표로 하라.

자만심이나 회피나 저항을 피하고 대신에 여러분이 코칭 하는 사람의 독특한 강점과 역량과 경험 그리고 전문지식을 균형 있게 보여주는 방법으로 피드백을 주면서, 또한 개선을 위한 몇몇 중요한 부분과 적은 단계를 목표로 하라. 스티븐 코비 박사가 일반적으로 말했듯이, "당신은 자신이 행동한 문제에서 벗어나게 스스로를 설득할 수 없지만, 다소 빠르게 그 문제에서 벗어나도록 스스로 행동할 수 있다."란 것을 기억하라.

존 휘트모어 경(Sir John Whitmore)은 《성과 향상을 위한 코칭(Coaching for Performance)》에서 이렇게 주장했다. "코칭과 피드백은 효과적인 향상을 위해 의식 및 자기 인식을 위한 안전한 환경 조성과 관련이 있다. 의식은 주변에서 일어나는 일을 아는 것이다. 효과가 높은 리더가 자기 인식 수준이 높으며 의식적으로 선택하고 사전에 스스로 규제한다. 또한 그들은 대인관계를 잘 이해한다. 예를 들어, 그들은 다른 사람이 상대적으로 일관된 태도로 그들의 역량을 바라보는 방식으로 스스로를 보는 편이다.

더 나아가 휘트모어는 일부 리더가 자신과 역량을 크게 부풀리고 지나치게 낙관적으로 보는 반면

9장 • 효과적인 피드백 제공

에, 다른 이들은 스스로에 크게 비판적이고 자신의 역량과 업적을 과소평가한다고 지적했다. 핵심은 현실을 찾는 것이다. 코치는 높은 수준의 관련 자료를 사용해서 자료에 나온 격차를 토대로 그들의 상황과 핵심 기회를 어떻게 바라보는지 질문함으로써, 적절한 수준의 대인관계 인식과 자기 인식을 끌어올릴 수 있다.

피드백에 어떻게 반응하는지가 다른 사람이 피드백을 얼마나 자발적으로 줄 것인지를 결정한다. 또한 팀에 있는 다른 사람이 받은 피드백에 어떻게 반응하는 지에도 영향을 준다. 몇몇 피드백은 즉각적이고 단기적 혜택 제공이 목표일 수 있지만, 사람의 사고방식과 습관에서 특히 지속적인 행동 변화는 대부분 한 번의 코칭 시간이나 일주일간의 워크숍으로는 일어나지 않는다. 그러려면, 시간이 걸린다.

좋은 코치는 용기와 고려 사항이 균형을 이루는 피드백을 준다. 용기는 솔직한 생각과 감정을 말하는 의지와 능력이다. 고려사항은 존중하면서 그렇게 하는 것이다. 훌륭한 코치는 다른 사람의 발전에 진심으로 관심을 보이고, 그들의 과거 성과가 아닌 미래의 잠재력 면에서 사람들을 본다. 고려 사항은 성과 실행자에게 어떻게 피드백을 이해하고 어떤 관계나 행동을 떼어놓고 싶은지와 피드백에서 가장 중요한 사항은 무엇인지를 묻는 것을 뜻한다.

긍정에 집중하기

사람들은 솔직하고 긍정적으로 피드백 과정에 접근할 수 있으면 에너지를 얻는다. 피터 드러커(Peter Drucker)도 이렇게 주장했다. "대부분의 리더와 직원은 자신들의 강점을 모른다. 당신이 물어보면, 그들은 멍하니 바라보거나 주제 지식에 관해 대답한다. 이는 틀린 답이다."

마커스 버킹엄(Marcus Buckingham)은 《위대한 나의 발견: 강점 혁명(Now Discover Your Strengths)》이란 자신의 책에서 사람의 성과 향상 연구에 대해 다음과

9장 • 효과적인 피드백 제공

같이 말했다. "리더는 사람들이 강점과 강점 활용법을 찾아서 명확하도록 돕는 체계적인 과정을 개발해야 한다……." 격차에 집중하거나 약점에 가까워지는 것과 반대로, 긍정에 집중하고 사람의 강점을 활용하는 것은 성과 향상을 위해 사람들에게 권한을 주고 활기를 불어넣으며 동기를 부여하는 데 큰 도움이 될 것이다.

다음은 긍정적인 방향으로 피드백 과정을 이끄는 몇 가지 아이디어와 강력한 코칭 질문들이다.

- 긍정적인 의도를 전달하세요. 왜 회의를 합니까? 피드백의 목적은 무엇입니까? 왜 피드백이 중요합니까?
- 당신이 지켜본 것을 구체적으로 설명하세요. 자료, 시나리오, 증거, 서면 의견, 이벤트를 확인하세요.
- 사람이 아니라, 자료와 행동에 객관적으로 집중하세요!
- 행동이나 작용의 영향을 서술하세요. 긍정적인

강점과 개선 목적 분야에 대해 균형적인 방식으로 집중하세요.

- 긍정적으로 대답하도록 질문하세요. 개인이 큰 그림과 틀을 보거나 개인의 경력이 최고가 되는 방식으로 그림을 재구성하게 도와주세요.

- 개인의 계획을 위한 여지를 남겨두세요. 다른 사람에게 특정 방식으로 일을 지시하거나 명령하거나 강요하지 마세요. 좋은 코치는 사람을 고치려고 하지 않으며, 대신에 인식, 선택, 목표 기회를 더 크게 만들고자 합니다. 이렇게 질문할 수 있습니다. "자료로 무엇을 알 수 있습니까? 자료에 어떻게 반응했습니까? 어떤 분야에서 집중할 동기가 가장 크다고 느낍니까? 당신의 자료에서 어떤 주제나 메시지가 보입니까?"

- 진정한 예의와 존경, 그리고 지원을 전하는 방식으로 피드백을 설명하세요. 당신은 사람의 깊은 내면 모습을 다루고 있을 때, 정말로 성역으로 걸어 들어가고 있습니다. 이렇게 질문할 수 있습니다. "어떤 분야를 최고의 강점으로 봅니까? 개선에 중요한 주요 관계가 있습니까? 개선을 위

9장 • 효과적인 피드백 제공

한 큰 기회가 보입니까?" 이 자료를 활용하면 어떤 혜택이 있을까요? 지금 당장 어떤 분야에 집중할 동기가 가장 큽니까?

- 당신의 피드백을 받는 사람이 말하는 내용에 대답하세요. 이런 질문으로 도와줄 수 있습니다. "어떻게 내가 당신에게 자원이 될 수 있습니까? 어떻게 조직이나 팀이 당신을 지원할 수 있습니까? 어떤 다른 지원 체제가 당신에게 도움이 될까요?"

- 해결책과 행동에 대한 논의에 집중하세요. 어느 시점에서 간단한 실행에 자료가 더해져야 합니다. 이는 개인이 강점을 활용하고 다르게 보도록 돕는다는 뜻입니다. 이렇게 질문할 수 있습니다. "가장 중요한 다음 단계는 무엇이라고 봅니까? 따라야 할 한두 가지 주요 사항을 고를 수 있다면, 무엇입니까? 즉시 어떤 행동을 하고 싶습니까? 앞으로 30일, 60일, 90일 내에 무엇이 달라지길 원합니까? 당신의 전략 작전으로 어떻게 성공을 평가할 것입니까? 진행 중인 성공을 위한 이정표나 조치는 무엇입니까? 성공했을 때를

어떻게 알게 될까요?

사람에게 어려운 피드백을 준비시키는 일은 코치에게 중요하다. 다음은 몇몇 제안 사항이다.

- 사람들이 힘든 자료를 받아들이기 위해 개인적이고 조용한 공간에서 충분한 시간을 준다.
- 그들이 되고 싶은 사람에 대한 앞으로의 비전을 유지하게 상기시킨다. 균형적인 시각을 유지하도록 상기시킨다.
- 속단이나 급격한 결론으로 건너뛰기 전에 격차, 이슈, 공통 문제를 고려하도록 돕는다.
- 피드백을 소중한 선물로 보고, 선택과 책임의 사전 예방적 근육을 쓰도록 돕는다.
- 어떻게 일반적 주제, 순위와 빈도, 고위와 하위 점수와 의견이 격차와 기회의 틀을 마련하게 도울 수 있는지 인식하도록 돕는다.
- 고립된 "별나거나" 특이한 의견을 피하게 돕는다.

질적인 서면 의견은 피드백 자료의 정량화된 숫

자에 엄청난 통찰력을 더해줄 수 있다. 사람들이 피드백으로 무엇을 배울 수 있고 집중하거나 주의를 기울이는데 무엇이 가장 중요한지 결정하도록 다정하게 안내한다. 그룹 코칭 과정을 촉진하고 있다면, 동료 참가자와 보고할 기회를 사람들에게 준다. 누군가 덜 외롭게 느끼도록 도우려면, 다른 사람이 피드백을 받았다는 점을 보여준다. 다른 사람이 인생과 경력을 앞으로 진행함에 있어 어떻게 피드백 자료를 사용했는지에 대한 이야기를 한다.

그들의 전략에 따라 사람들을 지도할 때, 전투와 기회를 현명하게 선택할 것을 명심하라. 빠른 승리나 작은 승리를 얻을 수 있는 목표 분야에 집중하라. 성과 실행자가 긍정적인 영향을 끼치고 이해관계자의 관계를 향상하거나 강점을 극대화할 기회를 창출하고 약점을 극복하며 개인적인 영향을 증가시킬 수 있는 목표 분야를 인식하게 도와줘라. 자료를 토대로 초점을 좁게 맞춘 실용적인 실행 계획을 받아들여라.

사람들은 힘든 피드백을 받았을 때, 어떤 구체적인 반응이나 단계를 겪게 된다. 이를 사라(SARAH) 피드백 모델이라고 부른다.

S = 충격(Shock). 이 피드백이 나를 대변하지 않는다. 정보는 큰 놀라움과 혐오감을 일으키면서 사람의 심신에 육체적 또는 감정적 충격을 줄 수 있다. 여러 차례의 자료는 맹점을 드러내면서, 약점과 부족한 관계는 이 단계에서 노출될 수 있다. 사람들은 일부 피드백이 사실이지만, 실상이 의식적 수준에 이르면 이를 무시하거나 부정적 또는 방어적으로 반응한다는 사실을 무의식적으로 알지도 모른다.

A = 분노(Anger). 성과 실행자는 비난받고 화가 나며, 배타적이고 거부당하고 짜증나며 눈에 띄게 분노를 느낀다. 그는 불만을 강하게 드러내며 개인이나 팀에 배신감을 품을지도 모른다. "어떻게 그들이 나에 대해 그렇게 말할 수 있습니까? 왜 그들은 이 도구를 써서 그렇게 무자비하게 솔직하고 잔인한

9장 • 효과적인 피드백 제공

피드백을 했습니까?"

R = 거부(Rejection). 성과 실행자는 부정적인 피드백이나 문제를 다른 장소, 상황, 사람, 다른 것 탓으로 돌릴지도 모른다. 맹점이 드러났을 때, 사람과 의견과 상황에 관한 부정적인 속성이 있을 수 있다. 자료를 무시하거나 합리화하거나 심지어 거부하기 쉽다.

A = 인정(Acceptance). 피드백의 초기 자극이나 충격이 조금 진정되면, 사람들은 자료를 자기 반성적으로 들여다보고 왜 그렇게 느끼는지를 고려하면서 더욱 마음을 열고 반성할지도 모른다. 성과 실행자는 목표 개선 분야를 정직하게 들여다보는 일이 안전하다고 느끼고 마음을 열 때, 자료나 인식이 타당하고 사실임을 인정할 것이다. 이 단계에서 그 사람은 정면에 힘든 문제에 직면하고, 사람의 인식에 타당성과 정확성이 있음을 인정한다.

H = 겸손/도움(Humility/Help). 이 단계에서 피드백

은 진정한 선물이자 기회로 간주된다. 성과 실행자는 피드백이 정확하며 개선뿐만 아니라 지속적 개선을 모색하고 사전에 개선할 자료 사용을 위한 동기를 준다고 인정한다. 어떤 것도 지속적인 피드백 없이 일어날 수 없다. 사람은 개인적 혜택과 팀과 조직을 위해 자료에 따라 행동하는 데에 안심하며 동기를 얻는다. 그들은 실천 계획을 시작하고 지속적인 멘토링과 지원 체제를 추구하고 더 나아지기 위한 자료를 사용하고자 진심으로 모색할 것이다.

일단 사람들은 사용할 수 있는 피드백이 있으면, 이행에 집중하게 도와줄 지원팀을 구성할 필요가 있다. 아마도 피드백을 준 사람들이 도와줄 수 있을 것이다. 가능한 팀원은 다음과 같다.

- **안내자** — 변화 과정을 통해 안내하는 사람. 이 사람은 코치나 멘토의 역할을 할 수 있다.
- **도전자** — 상사와 동년배, 직장 동료나 배우자 또는 파트너처럼 진실을 말하는 사람.

- **제공자** ― 상사나 팀원처럼 유형의 서비스나 자원을 제공하는 사람.

- **동지** ― 동료나 역할이나 업무 목적이 비슷한 사람들처럼 비슷한 업무 상황에 있는 사람.

- **후원자** ― 조직에서 높은 지위에 있는 사람, 공식이나 비공식 멘토 또는 승진 계획, 경력 개발, 역할 확대, 일이나 프로젝트 등의 기회를 주는 리더.

- **다양한 사람** ― 다른 관점, 기술, 시각을 통해 돕는 사람. 이들은 직무, 지역이나 국가, 성 인지적 관점 또는 조직 내의 직위 등이 다른 사람일 수 있다.

10

재능의 활용

우리의 많은 역사, 문화, 생활, 교육은 산업화 시대에 발전하면서 성장했는데, 그 시대에는 대부분의 일이 틀에 박혀 있고 창의력, 적응력, 그리고 혁신이 필요하지 않았다. 꽤 많은 일이 사실상 산업이나 전통적 방식이 되는 데에는 그리 오래 걸리지 않았다.

이제 그러한 문화는 급격히 사라지고 있다. Y세대와 밀레니엄 근로자는 직업 만족을 위해 수년간 기다리길 원치 않으며 지금 당장 원한다. 그들은 자신의 재능을 활용하길 원하며, 똑똑한 리더는 그들의 의견에 동감한다. 밀레니엄 시대의 많은 근로자들은 상사나 일이 요구하거나 심지어 허용하는 것보다 다양한 분야에서 훨씬 더 준비하고 잘 갖추고 있으며 좋은 재능이 있을런지도 모른다.

훌륭한 코치는 사람들이 지니고 있는 최고의 열정과 다양한 기술과 기여를 발휘하는 문화를 창출하게 도와준다. 평범한 리더는 "나의 일은 사람들이 결과를 언도록 일일이 지적하고 통제하는 것"이라고 생각한다. 훌륭한 리더는 "나의 일은 모든 사람들이 재능과 열정과 창의력을 발휘시키는 것"이라고 생각한다.

대부분의 개인은 자신의 재능을 과소평가한다. 코치로서 여러분은 사람들이 이미 지닌 독특한 재능과 강점을 활용하게 돕는 법을 알아야 한다.

세계적인 사무용품 유통사 스테이플스(Staples)의 창업자인 토마스 스템버그(Thomas Stemberg)는 습관처럼 매장마다 다니면서 일을 더 잘하게 도울 수 있는 방법을 직원들에게 물어보는 일을 실제로 했다. 그는 이런 단순한 행동을 통해 직원에게 권한을 주었다. 잭 웰치(Jack Welch)는 《위대한 승리(Winning)》에서 "아마 당신이 할 수 있는 가장 큰 변화는 매니저에서 리더로 승진하는 변화일 것이다. 내 경력의 성공은 나에 관한 것에서 멈추고 그들에 관한 것에서 시작한다고, 당신은 자신에게 말하기 시작할 것이다."

코치는 어떻게 리더가 지지와 신뢰와 자신감이 있는 태도를 가지도록 도와줄 수 있을까? 버킹엄(Buckingham)과 코프만(Coffman)이 《먼저, 모든 규칙을 깨라(First Break All the Rules)》란 책에서 주장했듯이 "직장에 있는 동안 직원이 얼마나 머물지와 얼마나 생산성이 있을지는 직속 상사와의 관계로 결정되기" 때문에 리더가 하는 일은 아주 중요하다. 여러분이 내부 코치라면, 개인에 엄청난 영향을 끼친다. 여러분이 입을 열 때 마다 직장 문화에 영향을 준다. 여러분은 직원 사기, 참여, 생산성을 바꾸고 향상시킬 기회가 있다. 직원을 격려하고 지지함으로써 가치와 잠재력을 단언할 수 있다. 여러분은 사람들 내부에 불을 붙일 수 있다.

이렇게 하기 위해 코치가 참여할 3가지 종류의 대화를 제안한다. ① 성과에 관한 대화 ② "길 치우기" 대화 ③ 올바른 집중과 행동에 영향을 주는 개선을 위한 대화

성과에 관한 대화

이 대화는 4가지 규율 과정의 성과 책임 과정과 아주 많이 비슷하게도 상생 태도로 시작한다. 코치로서 리더와 팀원은 특정 기대 결과와 목표를 함께 개발하고 결정한다. 상생 대화는 연간, 중반, 또는 분기별 업무 성과 평가를 실시하거나 프로젝트를 시작하거나 직원 경력 개발 계획을 세울 때 일어날 수 있다. 진행 과정의 분명한 조치가 세워진다. 성공으로 간주되는 것은 분명히 정의되며 성공하지 못한 결과는 밝혀진다. 그런 결과는 징벌 조치보다 지속적인 경력, 직업, 교육이나 개발 기회에 집중한다. 이런 대화는 필요하면 매주, 매월 또는 분기별로 열릴 수 있으며 눈에 띄는 스코어보드는 성공의 자취를 뒤쫓는데 이용된다. 다음은 고객에게 제안

한 안건이다.

- 원하는 결과를 나열하시오: 원하는 결과를 나열하고, 각 목표와 조치와 마감일 그리고 각각의 성과 목적에 할당된 시간 백분율로 중요성의 가치 등을 서술하시오.
- 지침: 주요 기준, 지켜야 할 사항, 따라야 하는 방침이나 절차를 위한 지침을 세우시오.
- 자원: 필요한 자원(인재, 예산, 기술, 시설, 자료 등)을 정의하시오.
- 책임성: 성과 검토를 위한 일일, 주간, 월간, 분기별 회의에서 책임 있는 카덴스로 결정하시오.
- 결과 : 팀이나 개인이 합의사항의 이행으로 어떤 이익을 얻을 것이며 이행하지 않으면 어떤 여파나 결과가 일어날지를 분명히 하시오.
- 성과에 관한 대화는 개인이나 팀원을 위한 개인적 성공을 확인하기보다 먼저 조직 성공에 관해 행해진다는 점을 확실히 하시오. 각각의 기여는 가치가 있지만, 전체 목표는 조직의 목표와 목적을 이루는 것이며, 그다음에 조직에서 일하는 사

람을 지원한다.

다음의 코칭 질문은 상생 성과에 관한 대화를 위해 사용할 수 있다. 이 질문은 다양한 고객이나 이해관계자가 상호적으로 분명한 목표와 목적을 동의할 필요가 있는 상황에서 공통된 이해를 도출하고, 진행 중인 중반 및 연간 성과 평가 중에 기대를 분명히 하고, 다양한 팀원 간의 프로젝트 관리 목표와 목적을 분명히 하며, 상호 기능적인 그룹을 나란히 맞추는 데 사용할 수 있다.

개선을 위한 대화

일본어로 지속적인 개선은 '카이젠(kaizen)'이다. 코칭은 카이젠에 집중할 필요가 있으며, 카이젠은 약점에 기꺼이 직면함을 뜻한다. 코칭의 일부 과정은 성과를 개선하는 방법을 논의하는 것이다. 이는 신뢰를 올리고 회피와 두려움을 극복하는 방법으로 행해져야 한다. 여러분은 정직할 뿐만 아니라 존중하면서 이렇게 한다.

상생 성과 합의

_____ 와의 합의
_____ 를 위한
기간 _____
기여 사항 _____

원하는 결과

목표	조치	마감일	중요성

지침

어떤 주요 기준, 표준, 방침이나 절차를 따라야 합니까?

자원

어떤 인재, 예산, 도구를 이용할 수 있습니까?

책임성

우리는 어떻게 피드백을 줄 겁니까? 얼마나 자주입니까?

결과

합의사항이 이행되면 어떤 보상이 있습니까?
합의사항이 이행되지 않으면 어떤 결과가 생깁니까?

스티븐 코비 박사는 종종 어떻게 리더가 동시에 용기 있고 배려하면서 높은 수준의 성숙한 의사소통을 할 수 있는지에 대해 얘기했다. 용기는 생각과 감정을 말로 표현하는 의지와 능력이다. 배려는 예의 있게 존중하며 말하고 듣는 의지와 능력이다. 용기 있는 코치는 목표, 조치, 대상, 법률, 규칙, 규정, 절차, 이슈에 관해 정직하고 단도직입적으로 해야 한다. 동시에 배려하는 코치는 사람들의 감정과 역량과 가치 차이를 명심하면서, 사람, 가치, 직함 존중, 역할, 지위 등에 친절한 방법으로 피드백을 줄 수 있다.

사람들은 위협을 느낄 때(예를 들어, 비판이나 비난을 받거나 부정적인 피드백을 받는다면), 스스로를 보호하려고 방어벽을 세우는 경향이 있다. 개인은 피드백의 혜택을 받으려면 방어적 행동을 줄이고 탐구하거나 열린 행동을 취하기 위해 코치와 함께 일해야 할 수도 있다. 성과 개선을 코칭할 때 다음의 지침을 고려하라.

- 시작 발언은 명확하고 구체적이고 미래지향적이며 건설적이어야 한다.
- 견해는 평가보다 설명이어야 한다. 주관적 인상이나 직감적 느낌보다 객관적이고 사실적인 자료와 구체적인 예시를 사용한다.
- "당신" 메시지보다 "내" 메시지를 쓴다. 예를 들어, "이것은 이 상황에서 내가 보거나 지켜보는 방법이다. 이것은 이런 상황이 나에게 어떻게 나타나는지에 관한 것이다."
- 개인이나 그들 성격이 아니라 성과자의 행동에 집중한다.

다음은 리더와 매니저가 개인 및 팀 차원에서 개인의 목소리, 기여, 잠재력이 드러나게 돕기 위한 몇 가지의 강력한 질문들이다.

개인 코칭

- 어떤 구체적인 고객이나 시장 또는 사업 요구사항을 우리 팀에서 할 필요가 있다고 봅니까? 그

런 요구를 만족하기 위해 당신은 어떻게 가장 잘 기여할 수 있습니까?

- 무엇에 열정적입니까? 직장 내 당신의 역할에서 무엇에 가장 기분이 들뜹니까?

- 당신이 가진 최고의 재능과 재주는 어디에 있습니까? 무엇을 정말로 잘합니까?

- 당신의 가치와 신념에 맞는 것은 무엇입니까?

팀 코칭

- 당신의 팀은 조직 내의 최고 가치를 어디에 추가할 수 있습니까?

- 당신 팀은 어떤 독특한 역량을 보유하고 있습니까?

- 당신과 직원들은 자신들의 역할이 기여한 바로 가치와 평가와 인정을 받고 있다고 느낍니까?

- 우리는 팀과 함께 최고의 성과를 더 잘 인정받고 보상받으려면 무엇을 할 수 있습니까?

- 팀의 재능을 얼마나 잘 효과적으로 평가하고 개발하고 고취합니까?

- 당신은 직원의 직무를 적절한 기술, 능력, 역량과 얼마나 잘 맞춥니까?
- 당신 팀은 높은 성과를 낼 분명한 비전, 전략, 목표가 있습니까? 당신은 사업의 전략과 결과를 내기 위해 얼마나 잘 재능을 조율합니까?
- 그들은 얼마나 잘 전략적 우선순위와 목표를 실행합니까?

"길 치우기" 대화

코치나 코치 역할의 리더가 성공을 위한 길을 닦으려고 개인과 함께 일하면, 팀을 저버리는 것이 아니라 팀원이 고용되어 훈련받은 일을 하도록 물러남으로써 길에서 비켜나야 할 때이다. 해리 챔버스(Harry Chambers)는 《내가 하자는 대로 하거나 아니면 떠나라(My Way or the Highway)》란 책에서 62%의 직원이 세세한 관리 때문에 이직을 고려하며, 32%는 실제로 이직했다는 사실을 보여줬다.

리더 혹은 코치 역할을 하는 매니저는 책임지고

길을 치워야 한다. 리더가 길을 치우도록 코칭하면 사람들이 최고의 재능을 발휘하는 데 필요한 자원과 기회를 파악해 문화적 관료주의와 장벽을 피하게 도와줄 수 있다. 전통적인 상사나 매니저는 길치우기를 통해 팀원 간의 장벽을 없애고 사일로스(회사 안에 성이나 담을 쌓고 소통하지 않는 부서 — 옮긴이)를 부수고 사람들이 더 쉽게 일하는 방법을 아는 고무적인 리더로 변한다. 어떤 일은 팀원이 하는 것보다 리더가 하는 것이 더 쉽다.

리더나 코치 역할의 매니저는 "길치우기"를 하면서 팀에 계속해서 이렇게 질문해야 한다. "어떤 이슈나 도전 과제를 없애게 도와줄 수 있을까? 어떤 장애가 방해되는가? 우리는 서로 장애물을 없애게 어떻게 도와줄 수 있을까? 난관을 알고 없애는 일은 참호 속에 있는 팀원이 성공만을 가져오고자 노력하지 않는다는 사실을 깨닫게 도와준다.

길치우기는 또한 구태의연한 구조, 결정, 정책, 실행, 회의나 보고서처럼 중요하지도 않고 가치 추가가 없는 활동인 "하지 말아야 할 행위 목록"에 대한 노력에 집중한다.

40년 전에 로버트 그린리프(Robert Greenleaf)는《리더는 머슴이다(The Servant as Leader)》이란 에세이에서 다른 사람을 위해 길을 치우는 리더의 책임에 대해 이야기했다.

"서번트-리더는 고용인(서번트)이 먼저다……. 이는 도움을 주고 싶은 자연스러운 감정으로 시작한다……. 그다음에 의식적 선택을 통해 이끌고 싶은 욕망이 생긴다……. 고용인의 의도가 다른 사람의 최고 우선순위 요구사항이 먼저 이뤄졌는지 확인하는 것인지는 그들이 제공하는 서비스 자체에서 그 차이가 드러난다. 최고의 시험은 이렇게 한다. 서비스를 받은 이들은 사람으로 성장했는가? 그들은 서비스를 받는 동안, 고용인이 되기 위해 더 건강하고 현명하며 자유롭고 자율적이며 더 자신들과 비슷해졌는가?"

10장 • 재능의 활용

성공과 서비스는 더 많은 성공을 낳으며, 비슷한 예시와 함께 앞의 길을 다른 사람들에게 보여준다. 유명한 UCLA 농구감독인 존 우든(John Wooden)이 말했듯이, "따르는 사람이 없으면 리더십도 없다. 감독은 성공에 충분히 기여했을지 모르지만 선수권 대회에서 이긴 것은 감독 자신이 아니라, 선수들이란 점을 명심하라. 선수들이 그 일을 했다."

11

중간층의 이동

코치는 보통 성과가 높은 사람이 더 좋은 결과를 얻게 돕는 데 집중한다. 최고 성과를 올린 사람을 인정하고 보상하며 이사회에 두며, 선도와 혁신에 완전히 전념하며 결과를 내놓도록 하는 것은 아주 중요하다. 하지만 앞서 논의했듯이, 어떤 조직에서도 성과 개선의 최대 기회는 성과가 좋기는 하지만 아주 크지 않은 사람 중에서 "중간층"을 움직이는 것이다. 그러면 좋은 코치는 어떻게 이 기회를 이용할 것인가?

경기 침체기에 많은 기업들이 직원을 해고하는 동안에, 사우스이스트 항공의 아시아 지점에서 기

솔직으로 일하는 한 고객은 6년간 150명에서 4천 명으로 직원이 늘어난 엄청난 고용 성장을 겪었다. 이는 큰 성공을 보여주지만, 거의 믿을 수 없는 성장으로 인해 커다란 도전 과제도 함께 생겼다. 특히 아시아에서 중간 및 고위급 인재가 부족하고 기회가 많은 상황에서도 이 회사는 어떻게 고급 인력이 회사를 떠나지 않게 했을까? 이 회사는 공격적으로 고급 인력을 유치하는 헤드헌터와의 소모전과 성장을 따라잡으려고 매달 약 150명을 고용하고 있었다.

같은 회사의 또 다른 국제적 지점이 있는 인도에서 그런 상황에 놓인 리더는 더 심각하다고 말했다. 이 회사는 8년도 안 되어 5천 명에서 10만 명 이상으로 직원을 늘렸다! 하지만 새로 고용한 직원 중 70%는 2년 내에 회사를 그만뒀다. 신규 인력은 남는 대신에 30~50%의 임금 인상을 기대했다. 그래서 두 나라에 있는 이 회사는 직원이 수천 명까지 떠나지 않게 막는 것이 힘든 과제였다.

오늘날 코치나 코칭이 어떻게 리더가 개인 만족

과 업무 개선을 향상하게 도울 수 있는지에 관한 논리적인 대화가 많이 오고간다. 잭(Jack)과 수지 웰치(Suzy Welch)는《위대한 승리가 답이다(Winning: The Answers)》란 책에서 "차이"에 대해 이야기한다. 그들이 보듯이, 모든 회사는 실적이 저조한 그룹(10~20%), 실적이 중간인 그룹(60~70%), 실적이 높은 그룹(10~20%)이 있다. 60~70% 중간 그룹의 팀 성과를 향상하면 가장 빨리 위대한 기업으로 가게 된다.

밝혀졌듯이 대부분의 코칭은 실적이 가장 높은 그룹인 상위 20%에 집중한다. 또한 많은 회사는 하위 20%를 중간으로 바꾸는 데 너무 많은 시간을 쓰면서 어쩌지도 못하고 있다. 이는 이러한 많은 사람들은 바뀌지 않거나 바뀔 수 없기 때문에 가치가 낮은 활동이다. 아마도 전체의 70%나 되는 중간 실적의 직원에게 코칭 노력을 집중하면 회사에 더 많은 도움이 될 것이다.

몇 가지 간단한 수학이 요점을 말해준다. 이 책에

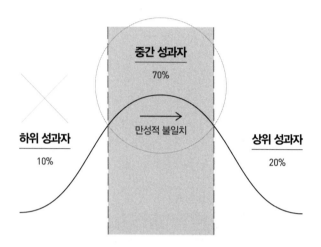

**《위대한 승리》란 책에 나온
'잭 웰치–제너럴일렉트릭사(GE)의 차이 모델'**

출처: 잭 웰치와 수잔 웰치가 쓴 《위대한 승리가 답이다》란 책 중
'잭 웰치–GE 기업의 차이 모델'

서 설명한 코칭 원칙을 적용해서 리더가 개인성과
를 10% 향상할 수 있다고 상상해보라. 코칭이 기존
계층인 상위 성과자에게만 집중한다면, 20% 계층

에서 10% 향상은 전체적으로 2%의 향상과 같다.

반대로 전체 인구의 70%를 차지하는 "중간" 그룹의 10% 향상은 전체적으로 7% 향상과 같으며, 이는 그전보다 3배 이상이다! "중간층 이동"의 목적은 상위 성과자를 무시하는 것이 아니라 성과 영역의 많은 분분에 걸쳐 코칭 자원을 널리 퍼트리는 것이다. 상위 수준의 성과자와 중간 수준의 성과자 모두 코칭 계획에 참여시키면 왜 안 되는가?

사우스이스트 아시아의 경우처럼 많은 기업이 직면한 시나리오는 토마스 프리드먼(Thomas Friedman)의 《세계는 평평하다(The World Is Flat)》란 책에서 내린 결론을 뒷받침한다. 프리드먼은 더 많은 교육과 고용의 기회와 함께 중간층 사람들에 대한 세계적인 고용 잠재력의 폭발을 기대했다. 동시에 직원 개발, 승진, 역할 확대와 보유 등의 향상 압박은 증가할 것이다. 심지어 경기 침체기에도 고급 인력을 끌어들이고 유지하려는 실제 전쟁이 여전히 있다. 몇몇 훌륭한 리더는 예리하고 잘 훈련받고 충실한 중간 수준의 직원이 없으면 성장을 끌어올릴 수 없다. 어떤 기업이나 조직도 중간층을 상위 수준으로 올리지 않고는 크게 성장할 수 없다.

많은 리더들은 중간급 직원을 미래의 주요 경영 및 리더십 기여자로 전환하는 인력 전환 통로를 준비하지 못했다. 고급 인력과 미래의 리더가 조직을 떠날 때, 돈과 소중한 역량도 함께 걸어 나간다. 사실상 모든 기업은 사람이 최고의 자산이라고 주장하지만, 슬프게도 이렇게 말하는 조직의 많은 이들이 자신들의 최고 자산이 더 큰 리더십 역할을 맡을 준비를 하지 않았다. 결과적으로 많은 중간급 리더는 결코 자신들의 잠재력을 이루지 못한다.

최근에 한 기업의 최고 경영진 중 여러 명이 조직을 떠났다. 불행히도 고위 경영자는 인재의 퇴사를 조직 하위층을 개선할 방법으로 보았다. 그는 이를 통해 자신의 손익계산서를 강화하고 이자와 세금을 내기 전의 이익(EBIT) 공식을 잘 조정하면 재정적으로 좋아 보이는 데 도움이 된다고 생각했다. 하지만 이들 최고 경영진들은 기술, 경험, 성숙한 판단, 매장 성장에 대한 지식도 함께 가져갔다. 그들은 오랫동안 대체하기 힘든 공백을 회사에 남겼다. 이를 정치적으로 해석하자면, 대차대조표는 단기적으로 좋아 보이겠지만, 그런 접근은 팀의 다른 직원이 이런 근시적 이동을 꿰뚫어보고 매출 성장과 자신들의 위치를 걱정하기 시작할 때에 조직의 신뢰감을 위협한다.

인재는 자산이다

일부 리더나 매니저는 고급 인력을 돈이 많이 드는 비용으로 여긴다. 대차대조표에서 시설, 사업 장비, 기술 투자 같은 것은 대개 자산으로 간주하는 반면에, 사람은 비용으로 간주한다. 하지만 강점 기반 조직에서 코치 역할의 리더는 인재를 예외 없이 획득하고 개발하고 활용할 최고의 자산으로 여겨야 한다.

나는 예전에 한 항공사와 컨설팅 계약을 했었는

11장 • 중간층의 이동

데, 회사 관계자들은 대부분의 고위 경영진 중 40%
가 앞으로 몇 년 안에 은퇴할 것이라고 말해주었다.
분명히 새로운 리더가 중간 매니저에서 나타나지
않았다면 리더십에 큰 공백이 있었을 것이다. 회사
는 중간급이 저하되는 위험 없이 승진을 보장하기
위해 개발되지 않은 중간급 인력을 훈련시킬 수 있
는 환경이 필요하다는 점을 깨달았다. 그들은 다음
과 같은 일을 했다.

  회사는 조기 채용자와 중간급 매니저에게 업무
교대와 코칭을 제안했다. 직원 수준에 상관없이 주
요 프로젝트에서 일할 수 있는 1년간의 직무 경험
과 업무 교대를 제안했다. 대상 직원은 다양한 팀
의 기능에서 일하고 수준별 직무를 경험하면서 더
좋은 리더가 되는 멘토를 받았다. 회사 대표는 미래
리더로서 개발할 고급 인재 남녀 65명을 선정했다.
그들은 재개발, 혁신, 변화 관리, 계획, 프로젝트 우
선순위 등을 포함해 많은 방식의 훈련을 받았다. 이
들 새로운 리더는 프로젝트를 운영하고 프로그램을
관리하고 기능적이고 교차 기능적인 팀을 이끄는

일을 맡았다.

　리더와 매니저가 훈련과 코칭과 멘토를 받으려면 시간과 돈과 자원이 많이 투자되어야 하지만, 조직 내의 모든 수준에서 이 계획을 지원했다. 경영진은 코칭이 개인을 변화시키고 실천학습을 올리며 더 좋은 결과를 더 빨리 이끌기 때문에 중요하다고 여겼다. 경제적 상황이 어렵고 대부분 경험 있는 인재(베이비붐 세대) 중 많은 사람들이 가까운 미래에 은퇴하며 고위 경영진에 대한 전쟁이 벌어지는 가운데, 조직은 코칭을 통해 미래 리더를 내부적으로 지지하고 출세 길을 쌓아주고 업무를 분명히 하고 업무 교대 경험을 향상시켰다.

　흔히 재능 발휘는 중간 성과자의 상위 이동뿐만 아니라, 하위 성과자가 조직에서 일으키는 장애물을 고치거나 전환하거나 아니면 제거해버리는 조치를 뜻한다. 우리 모두는 삐걱거리는 바퀴 소리가 너무 시끄러워서 듣기에 미칠 지경이기 때문에 바퀴에 기름칠을 한다는 사실을 알고 있다. 하지만 아마도 바퀴에 계속 기름칠을 하는 대신에, 리더는 바퀴를 정중히 바꾸거나 새로운 역할로 재배치하거나 교체해야 한다.

업무 강도를 준비할 때 중요한 부분은, 기능적 전문지식에서 프로젝트 운영, 예산 관리, 사업적 수단의 구축, 직원 지도 등 현실적 지식을 주는 폭넓은 경험으로 사람을 이동시키는 것이다. 학계에서는 한 교수가 4년간 학생들에게 음악 이론을 가르칠 수 없기 때문에, 학생들에게 각각 악기를 주고 오케스트라에서 연주할 준비가 되기를 바란다. 이론은 직원에게 중요하지만, 전문지식은 이론과 실제 응용의 일치를 뜻한다. 내 경험을 되돌아보면, 실질적인 경력을 통해 내 능력은 가능성이 넓은 세계에서 커졌고, 개인, 팀, 조직이 어떻게 바뀌고 성과를 향상했는지에 열정적으로 관심을 갖게 되었다. 코치 역할의 리더는 개념학습과 실질적인 직접 경험과의 균형을 돕는 인재 관리 체제를 효과적으로 창출할 필요가 있다.

효과적인 리더나 코치는 전략 변화가 일어날 때마다 단지 신규 인력의 영입이나 팀 외부의 시각에 의존하지 않는다. 가장 현명한 코치는 조직업무 문화의 변화에 기대하면서 기존 팀원의 개인 재능을 개발한다. 피터 드러커(Peter Drucker)가 말했듯이, "리더의 최고 역할은 주변 인물의 리더십 재능을 찾아서 개발하는 데 집중하는 것이다."

코치는 뛰어난 성과를 내는 팀을 만든다.

모든 조직은 성과가 뛰어난 팀을 보유하고 있지만, 흥미롭게도 우수한 성과자와 뛰어난 성과자의 기본 노하우 간에는 뚜렷한 차이가 없다. 주요 차이점은 뛰어난 성과자가 받는 2가지 코칭으로 요약된다. 바로 잘 실행하고 나쁜 행동의 모순을 줄이는데 집중하는 것이다. 코치는 다음의 2가지 방법을 통해 중간 성과자가 더 성과가 높은 수준으로 이동하도록 도와줄 수 있다.

① 앞으로의 성과를 가장 잘 예측하는 변수는 주로

과거의 성과로 결정된다. 조직 내에서 기존의 고립된 부서나 우수한 부서를 파악하라. 최고의 성과를 이끌어내기 위해, 리더는 최고 성과자나 성과가 높은 팀이 높은 수준의 결과를 내는 일을 찾아야 한다. 리더는 전략을 포착할 뿐만 아니라 주요 역량, 새롭고 더 나은 행동, 전적으로 참여하는 사람의 태도를 밝혀야 한다. 우수한 예시와 이야기를 이용해 다른 사람을 고무시키고 교육시킬 수 있다.

② 팀원에게 어떻게 전략 성과를 향상할 수 있는지 물어본 다음에 피드백과 지원을 준다. 리더가 개인과 팀의 강점과 열정을 쌓는 방법으로 그들을 지도하도록 훈련받는 환경을 조성하라. 개인이나 팀이 무엇을 할지 모른다면, 문제를 모른 척하지 말고 문제에 대해 얘기하고 적절한 피드백을 주고 선택사항과 기회를 설명하라. 성공으로 가는 길은 확인하고 재구성하고 향상할 지원을 하는 것이다.

대부분의 중간급 직원은 현재하는 일에서 드러나는 것보다 훨씬 더 많은 역량을 보유하고 있다. 좋은 코치는 사람들을 과거의 성과가 아닌 현재 지니고 있는 강점과 미래의 잠재력 면에서 생각한다. 또한 좋은 코치는 사람들의 강점과 제대로 된 역할을 잘 맞추려고 돕는다. 나는 임원코치로서 전 세계의 직원과 리더에게 이런 주요 질문을 하는 것이 도움이 된다는 사실을 알아냈다. "여러분 중에서 몇 명이나 현재 일이 요구하거나 허용하는 것보다 더 많은 재능, 추진력, 역량, 열정, 경험을 보유하고 있는가?" 압도적으로 많은 사람들이 조용히 절망적인 상태에서 손을 들어 올리며 제대로 평가받지 못하거나 저평가되거나 둘 다라고 말했다.

그러므로 코치는 개인과 팀이 이미 있는 인재를 얼마나 잘 개발하고 향상하는지를 평가해야 한다.

거기에 코치는 조직 외부에서 적절한 사람을 영입하기 위해 인재 시장을 평가할 필요가 있다. 훌륭한 리더와 코치는 성과가 뛰어난 인력을 선별하고 개발하고 배치하고 보상함에 있어 가장 가치 있는 일을 많이 해야 한다.

경쟁을 통해 인재를 제외하고 기업이 지닌 모든 장점을 베낄 수 있다. 제너럴일렉트릭(GE), 레고(Lego), 프록터앤드갬블(Procter & Gamble), 맥킨지(McKinsey), 베인(Bain), 버크셔해서웨이(Berkshire Hathaway), 구글(Google), 마이크로소프트(Microsoft) 등처럼 세계 최고의 인재 조직은 어떤 규모이든 어떤 형태의 산업이든 세계 어디에서 운영하든지 간에 진정한 비즈니스는 훌륭한 리더를 모집하고 구성하는 비즈니스라는 점을 알고 있다.

최고 인재는 자신의 분야에서 최고의 위치를 유지하고 경력에서 성공으로 가는 길이나 이점을 주는 일과 경력을 고집한다. GE의 제프 이멜트(Jeff Immelt, CEO)는 자신의 회사가 경력 초기에 잠재력이 높은 인재를 뉴욕 크로톤빌(Crotonville)에 있는 유명한 리더십 개발센터로 보내기 때문에 다른 기업보다 상당히 유리한 모집 이점이 있어서 잠재력이 있는 인재를 끌어들인다고 말했다. GE처럼 훌륭한 기업은 직원들의 재능을 개발하기 위한 훈련과 기회를 준다. 훌륭한 리더는 사전에 체계적으로 그들의 업무 강도를 확인하고 개발한다. 이는 모든 수준의 인재를 키우는 데 중요하다. 코치 역할의 리더는 어떻게 직원을 끌어들이고 보유하고 개발하며 보상할지를 분명히 정해야 한다.

리더와 매니저는 다음 코칭 질문을 통해 그렇게 하도록 도와줄 수 있다.

유치

- 자신의 역할에 기여하고 경력을 통해 성장하고 싶어 하는 적절한 사람을 어떻게 끌어들일 것입니까?
- 좋은 인재(HR) 채용 과정, 사례 및 보상 패키지, 적절한 인재 영입을 위한 진로 기회 등을 조정해서 어떻게 올바른 가치 기반 문화를 세울 것입니까?

자리

- 적절한 자리에 적절한 직원이 있습니까?
- 직무별 역할에 필요한 제대로 된 지식, 기술, 역량을 분명히 확인했습니까?
- 직원과 상사와 매니저가 그들 역할에서 성장하고 개발하는지 어떻게 확인할 것입니까?
- 사람들이 일을 뛰어나게 실행하기 위해 제대로 된 역량과 중요한 기술을 확인했습니까?
- 사람들이 자신들의 일을 실행하고 성공하기 위해 필요한 훈련, 멘토링, 개발을 제공합니까?

보상

- 뛰어난 성과를 어떻게 인정하거나 보상합니까?
- 제대로 된 성과와 올바른 행동/가치를 이끌어내기 위해 금전적 보상과 비금전적 보상을 어떻게 사용할 것입니까?

코치는 팀의 인재와 업무 강도의 평가를 지원함

으로써 리더와 매니저를 아주 많이 도와줄 수 있다. 여러분이 "버스에 알맞은 직원을 태우고 알맞은 자리에" 앉혔는지 알아보려면, 다음과 같은 코칭 질문에 대답하도록 하라.

- 팀원을 나열하시오.
- 모든 직원을 다시 고용할 것입니까?
- 이들은 맞는 자리에 있습니까?
- 뻗어나가지도 도전하거나 개발되지도 않거나 완전히 활용되지 않아서 역할에서 부진한 사람들의 이름을 쓰시오.

12

코칭에 대한 마지막 말

전 세계의 리더와 함께 일하면서, 그들이 스스로를 믿지
않았을 때 믿어준 사람에게 얼마나 많은 성공을 돌렸는지를
보고 정말 놀랐다.

— 스티븐 R. 코비(Stephen M.R. Covey) 박사

　　　　　　　　이제 여러분은 다른 사람
을 효과적으로 코치하는 법을 더 많이 확실하게 파
악해야 한다. 우리는 모든 수준에서 효과적인 코칭
을 위한 기초적 지식과 기본 패러다임과 중요한 핵
심 원칙에 대해 논의했다.

코칭은 공식 및 비공식 대화, 짧거나 길고, 미리

정하거나 정하지 않은 채 이뤄진다. 코칭은 양방향 소통에 집중하며 추측에 도전하고 서로에게 골똘히 경청하는 동등한 만남이다. 코칭 대화는 단순한 수다를 떨거나 의견이나 조언을 서로 주고받는 것이 아니다. 이는 사람이 험담과 소문을 주고받거나 정치게임을 하거나 인간관계를 맺는 것이 아니다. 코칭 대화는 여러분이 주의 깊게 듣고, 원하는 사항을 이해하고 사람들이 성공하게 돕고자 완전히 전념하려는 것이다. 사람들은 더 나아지고 더 잘하기 위해 필요한 사고방식과 도구를 갖추고, 고무되고 권한을 받고 참여하는 대화에서 벗어나야 한다.

코칭은 특별한 기회이다. 코칭은 개인 및 조직 생활의 다른 영역에서 거의 볼 수 없는 수준과 방법으로 한 사람에서 다른 사람으로 신뢰를 확장하는 것이다. 누군가의 코치가 된다는 것은 명예이면서도 책임이 따른다. 이는 정직하고 투명한 질의조사와 개인을 옹호하고 비밀을 유지하려는 노력 간의 균형을 잡는다. 코치는 상담이나 조언 또는 다른 사람에게 할 일을 지시하지 않고 여러 강력한 코칭 질문을 사용해서 통찰과 발견의 길에서 그들을 돕는다. 코치는 많은 일을 위임받는다. 이 책을 통해 여러분이 다른 사람의 부담감을 덜어주고 함께 하면서 그들이 내부의 위대함에 도달할 수 있도록 자신감을 갖기를 바랍니다.

마치며: 조직 코칭

대부분의 위태로운 조직은 자체적인 결점이 보이지 않는 기능을 개발한다. 그 조직은 문제를 해결할 수 없기 때문이 아니라 문제를 볼 수 없기 때문에 어려움을 겪지 않는다.

— 존 가드너(John Gardner, 미국의 소설가)

여기까지 우리는 개인이나 소규모 팀의 코칭에 대해 주로 이야기했다. 물론 코칭은 항상 개인을 주로 다루지만, 어느 정도 리더는 "조직을 코칭"할 책임이 있다. 이는 조직을 전체 시스템으로 인식함을 뜻한다.

전 세계 수백만 명의 사람들은 매일 고통 속에서

깨어난다. 그들은 암, 심장병, 관절염 또는 무릎과 허리와 어깨의 만성적 통증으로 괴로워한다. 또는 외상성 손상이나 심각한 감염처럼 급성질환이 있을 수 있다. 사람의 몸처럼 복잡하고 상호의존적인 시스템 안에서 건강과 행복한 삶을 증진하려면 전반적으로 전체 시스템을 이해해야 한다. 주요 건강문제는 표면이나 급성 수준에서 다룰 수는 없지만, 실질적인 진단을 한 후 시스템에 걸쳐 다양한 권고를 제시할 필요가 있다.

우리 모두는 나이, 질병, 비활동, 비만, 부상 또는 일반적 마모 등 수많은 원인 때문에 고통이 생길 수 있다는 사실을 알고 있다. 의사는 다양한 검사와 근본원인 분석으로 증상을 진단할 수 있다. 의사는 분석과 판단을 토대로 증상이 심각한지 만성인지 알아본 후, 권고와 수술 가능성과 치료, 재활, 약물 치료, 후속 활동 등의 형태와 환자의 전반적인 신체나 시스템을 향상하는 지속적인 서비스 이용으로 이끌 수 있다. 목표는 환자를 완전히 회복시키는 것이다.

반면에 의사는 아프지 않은 환자의 전반적인 건강과 행복을 증진하려고도 노력한다. 모든 사람은 때때로 어떤 문제를 해결할 뿐만 아니라, 환자가 운동, 요가, 명상 또는 영양상의 변화처럼 건강, 활력, 삶의 질을 향상시킬 수 있는 것, 즉 "기회 공백"을 정확히 찾아낼 수 있는 신체가 있어야 한다.

조직 내의 어떤 리더나 매니저에게도 마찬가지다. 모든 조직은 여러 하위시스템으로 구성된 일련의 복잡하고 상호의존적인 시스템이다. 리더는 조직을 지도하기 위해 피상적 급성 증상과 허울뿐인 원인 이상을 바라보고, 전체 조직적 생태계의 "근본 원인과 결과" 관계를 이해해야 한다. 또한 리더는 아프지 않더라도 건강과 예방적 관점에서 전체 시스템 향상을 위한 기회를 알아야 한다.

퀸트 스튜더(Quint Studer)는 "충분히 기분 좋은 상태는 종종 다음 단계의 성과로 가는 데 최대 장벽이다."라고 말했다. 짐 콜린스(Jim Collins)는 "좋음은 위대함의 적이다."라고 말했다. "충분히 좋음"

12장 • 코칭에 대한 마지막 말

은 목표가 비즈니스를 다음 단계로 끌어올릴 때에는 너무 좋지 않다. 조직 리더는 개인 코치를 위해 전체 인간을 이해해야 하는 것처럼, 변화와 혁신과 성장을 위해 전반적인 시스템, 즉 고통과 기회의 공백을 이해해야 한다. 조직효율 주기(Organizational Effectiveness Cycle, OE Cycle)라 불리는 "전체 조직" 코칭에 관한 체계적 접근이 있다. 리더와 매니저와 팀은 이런 진단 및 설계 코칭 도구의 도움으로 조직에 있는 급성 및 만성적 문제를 발견할 수 있다.

조직효율 주기는 조직의 역동적 구성요소와 상호관계를 이해하는 데 실용적 방법이자 가치 있는 코칭 도구이다. 여러분은 조직효율 주기를 통해 성과 격차를 파악하고 공통 체제의 제공을 돕는 많은 복잡한 자료와 사람들이 뒤로 물러나서 조직을 이해하는 언어 사이에서 쉽게 보고 길을 찾을 수 있다.

여기에 시각적 도구와 복잡하면서도 명확성과 상호의존성의 제공을 돕는 여러 개의 강력한 팀 및 조

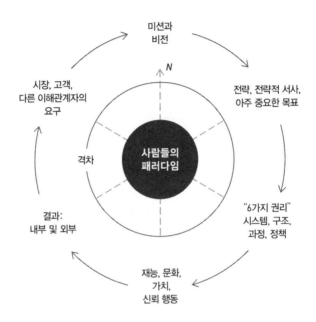

직 코칭 질문이 제시되어 있다.

리더는 표면적 증상이 아니라 진짜 문제를 볼 수 있어야 한다. 코치는 리더가 그들 문제의 근원이나 기회의 힘을 파악하고 이해하게 돕는 일을 한다. 코치는 리더에게 문제 해결을 위해 다른 이에게 의존하지 않고 자신들의 문제를 해결하는 권한을 준다. 조직효율 주기는 이런 일을 성취하는 강력한 도구이다.

조직효율 주기는 몇 년 동안 발전하면서 맥킨지 7S 모델(McKinsey 7S Model), 버크-리트윈 모델(Burke-Litwin Model), 코비 박사의 원칙 중심 리더십 모델 등에 있는 많은 요소를 포함하면서, 데이비드 한나(David Hanna)가 성과 능력 주기에서 발견한 조직 행동의 획기적인 작업을 통해 지속적인 요소가 추가되었다. 많은 컨설턴트와 코치는 수천 건의 과정에서 이를 이용해서, 리더가 부분적 상호작용과 함께 전체 조직을 "팔로 감싸고" 전체 시스템 향상을 위한 자신들의 노력을 정하고 우선순위를 매기는 곳을 이해하도록 도왔다.

조직효율 주기의 가치는 리더와 매니저에게 조직 건강의 전체적 그림을 주는 것이다. 코치는 조직효율 주기로 다음의 목적을 달성할 수 있다.

- 최고 및 최악의 결과에 대한 근본 원인을 분석하고 인정한다.
- 현재 실적 격차를 확인하고 더 나은 결과의 비전을 공유한다.
- 더 나은 결과를 방해하는 높은 수준의 조직적 불균형을 파악한다.
- 불균형을 바로잡고 새로운 문화 행동을 창출한다.
- 변화를 위한 "전체적인" 실행 계획을 공유한다.
- 실행된 변화의 영향을 측정하고 평가한다.
- 주요 고객과 이해관계자와 시장이 필요로 하는 요구와 결과를 만족시키고자 계속 집중하게 조직을 돕는다.

미국의 극작가 아서 밀러(Arthur Miller)가 오래전에 했던, "모든 조직은 얻은 결과를 얻으려고 완벽하게 설계되었다."란 말은 여전히 사실이다. 조직이 변하고자 한다면, 현재 결과를 얻은 패러다임과 선택을 분석한 후 시작해야 한다. 우리는 조직효율 주기를 통해 이를 이해하게 되었다. 비즈니스 결과는 고객

12장 • 코칭에 대한 마지막 말

서비스, 비전과 미션, 핵심 시스템과 과정, 문화 가치와 행동, 사람에 대한 원칙, 패러다임, 추측을 운영한 산물이다. 조직의 효율성은 이들 각각을 조정하는 사고방식과 운영원칙에 의존한다. 이는 조직 효율 주기의 목적이 무엇보다도 다음과 같은 추측에 도전하는 이유이다.

- 주요 고객, 이해관계자, 시장, 지역사회의 요구
- 비전과 미션
- 전략, 전략적 서사, 목표 실행 체제
- 핵심 과정, 구조, 시스템
- 가치, 문화, 인재 관리

이러한 각 주제에 대한 추측으로 외부 및 내부에서 가장 중요한 비즈니스 결과가 나온다.

조직을 위한 코칭 도구로써 조직효율 주기를 어떻게 사용할 것인가? 개인을 위한 코칭과 같은 방법인 강력한 코칭 질문을 해야 한다. 사실 여러분은 조직효율 주기가 순차대로라면 얻은 결과를 얻으려는 이유를 깊이 이해하게 되는 일련의 질문이라고 설명할 수 있다. 우리는 개인, 팀, 조직 수준에서 우리가 얻은 결과를 얻으려고 전부 완벽하게 설계되고 맞춰졌다는 점을 기억하라.

우리는 조직효율 주기의 각 부분을 세세히 파헤칠 것이다. 여러분이 직면하는 것의 대부분은 리더가 조직 향상에서 집중해야 하는 문제를 찾아서 파악하게 돕는 강력한 코칭 질문에 해당된다.

고객/이해관계자/시장 요구

이 단계에서 코치는 고객과 이해관계자를 정의하고자 리더와 함께 일하면서 왜 팀과 조직이 존재하는지와 궁극적으로 비즈니스의 측면에서 어떤 시장이나 지역사회에서 일하는지에 집중한다. 코치는 다음과 같은 질문을 한다.

- 내부 및 외부적으로 누가 고객입니까? 직원, 동료, 협회, 지역사회 단체나 회원, 그리고 소셜 미

12장 • 코칭에 대한 마지막 말

디어 등 어떤 다른 이해관계자가 당신 성공에 중요합니까?

- 조직 성공에 중요한 상위 4~5명의 고객이나 이해관계자를 선정하시오. 그들 상위 고객과 이해관계자를 현재 얼마나 잘 만족시키고 있습니까?

- 그들의 요구를 더 잘 만족시키기 위해 무엇을 해야 합니까?

- 서비스를 하는 시장과 지역사회에 어떤 독특한 가치를 제공해야 합니까?

- 경쟁우위는 무엇입니까? 서비스 대상에게 제공하는 가치를 토대로 자신을 어떻게 구별합니까?

이 논의를 가볍게 취급하지 마라. 바라는 미래상태 결과의 맥락에서 현재 상태의 결과와 함께 다음의 강점, 약점, 기회, 위협의 일부나 전부를 자유롭게 토론하라. 그 안에는 고객 만족과 충성도, 시장 점유율, 시장 성장성, 시장 입지, 시장 주도주, 주가, 주주 수익, 투자, 전략적 제휴 또는 인수, 브랜드 이미지, 가치평가, 이익, 현금 흐름, 부채 감소, 유동성,

운영비용, 운영 품질, 시장 출시 속도, 운영 자금, 직원 만족도와 충성도, 직장 분위기와 문화, 가치, 인재 관리, 성과 관리, 교육 및 개발 등이 포함될 수도 있다.

팀 수준에서 리더나 코치는 특정 고객과 이해관계자의 요구를 만족시키는 전략적 목표를 실행하는 일에 팀원이 집중하게 도와야 한다. 예를 들어, 팀장과 팀원은 현금, 매출 증가, 이윤, 이익, 부채 관리, 그리고 보상 및 인정, 일과 삶의 균형이 포함된 많은 다른 문제 등을 따로따로 이끌어 내는 방법을 알아야 한다. 팀은 이런 정보를 통해 전체 조직의 비전, 미션, 가치를 더 맞추면서 "진북"을 향해 앞으로 나아갈 수 있다.

비전과 미션과 가치

이 단계에서 우리는 비전(원하는 미래 상태에 대한 우리의 시각)과 미션(존재하는 우리의 이유)과 가치(시장에서 우리의 행동수칙)를 살펴본다.

우리는 이 단계를 우리가 어느 방향으로 향하는 지를 알아보는 "진북 확인"이라고 부른다. 코치로 서 여러분은 조직의 방향이 없는 상태에서 목적 없 이 "이리저리 방황하는" 대신에 진로를 정하도록 리더를 돕는 방향성 있는 질문을 한다. 다음은 조직 이나 팀을 위한 진북을 정의하게 도와줄 수 있는 몇 가지 일반적인 질문이다.

- 분명한 비전과 미션이 있습니까?
- 당신은 왜 회사/팀으로 존재합니까? 누구를 위 해 일합니까?
- 서비스 대상에게 어떤 독특한 가치를 제공합니 까?
- 1년 안에 조직으로서 스스로를 어떻게 봅니까? 5년은? 10년은?
- 조직으로서 어떻게 움직이고 행동하는지를 이 끄는 주요 원칙과 가치는 무엇입니까?
- 지속적인 방법으로 당신의 비전, 미션, 가치에 직원들을 어떻게 다시 연결하고 헌신하게 합 니까?

비전

비전은 조직이 "앞으로의 길"을 스스로를 보려고 한다는 점에서 미션과 다르다. 비전은 미래에 조직으로서 여러분이 어디에 있을지, 그리고 어떤 모습의 성공일지를 말해준다. 코치는 비전을 얻기 위해 다음과 같은 질문을 할 수 있다.

- 1년 안에 정말로 되고 싶은 것이 무엇입니까? 5년은? 10년은?
- 조직으로서 당신의 잠재력은 무엇입니까?
- 미래 상태를 이뤘을 때 성공은 어떤 모습일 것 같습니까?
- 이 비전은 다른 사람과 공유한 것입니까? 이 비전이 그들을 고무시킵니까?
- 그런 비전을 이루기 위해 어떤 종류의 고무적 노력을 기울일 준비가 되었습니까?
- 비전이 달성했는지를 알려주기 위해 어떤 조치를 준비해야 합니까?

12장 • 코칭에 대한 마지막 말

조직비전 선언문은 두 가지 요소인 미래상태의 강렬한 설명과 "추가 목표"로 구성되어 있다.

강렬한 설명은 조직으로서 여러분이 무엇이 열렬히 되고 싶거나 이루고 싶거나 새로 만들고 싶은지를 설명한다.

이는 미래의 꿈이자 가능하다면 생생히 묘사하는 마음에 새겨진 심상이다. 예를 들어,

우리는 5년 내에 전국에서 가장 큰 제약배송서비스업체가 될 것입니다. 사람들은 어디서든 제시간에 일사불란하게 우리를 통해 목숨을 구하고 고통을 줄이는 처방전을 받게 될 것입니다. 우리는 누구보다도 더 뛰어날 것입니다. 10년 안에, 우리는 65%의 시장점유율을 확보해 시장을 주도하게 될 것입니다.

확대목표는 사람들이 줄 수 있는 최상을 끌어내는 큰 도전 과제이다. 이는 사람들에게 취할 것과

실제로 비전 달성에 필요한 전념 수준을 분명히 했을 때 "단숨에 삼키는 요인"을 제공한다.

예를 들어,

10년 안에, 우리는 업계에서 최고의 정시 배송 기록을 세울 것입니다. 그러려면 우리는 정시 배송율을 77%에서 95%로 끌어올려야 합니다. 이것이 확대되었습니다.

미션

여러분의 미션은 자신에 대해서와 목적과 존재의 근본 이유를 말해준다. 대단한 미션은 사람들에게 영감을 주고 "결과물"을 만들기 보다는 이상주의를 이용해 에너지를 동원한다. 미션을 얻기 위해 다음과 같은 심도 깊은 질문을 물어볼 수 있다.

- 이 단체는 누구도 할 수 없을 정도의 어떤 독특한 기여를 하거나 할 수 있습니까?
- 당신은 정말로 누구입니까? 서비스를 제공하는

12장 • 코칭에 대한 마지막 말

시장이나 대상자와는 어떤 종류의 관계입니까?

- 서비스하고자 선택한 주요 시장과 고객은 누구입니까?

- 무엇을 가장 잘합니까? 무엇을 가장 못합니까?

- 당신의 미션은 실제로 영감을 주고 도전하거나 동기를 줍니까?

- 자신이 마음에 새긴 미션에 따라 정말로 살 수 있습니까?

선임 리더는 미션 개발을 이끌어야 하지만, 다른 사람들은 상당히 열심히 미리 사회화되고 참여하지 않으면 미션을 보유하지 않을 것이다. 하위 단위 임무의 통합이나 조직의 미션 및 목적을 새로운 사람들에게 빠르게 적응시키는 데 특별히 관심을 가지면서, 광범위한 검토와 피드백이 있어야 한다.

조직이 이미 미션에 만족했더라도, 다음은 꼭 물어봐야 하는 몇 가지 진단 질문이다.

- 당신은 자신의 미션에 따라 행동하고 있습니까?

어떻게 압니까?

- 당신의 미션은 조직의 모든 사람과 관련이 있습니까?

  미션을 무시하거나 벗어나서 행동하는 일부 사람이 있습니까?

- 모든 사람이 미션을 알고 있습니까? 모두가 미션을 믿고 이에 따라 살고 본보기로 삼고 있습니까?

- 미션은 우리가 누구이고 누구를 위해 일하는지를 반영합니까?

- 우리는 사람들이 실제로 우리 미션에 따라 사는 어떤 상징이나 예시를 갖고 있습니까?

- 어떤 방식이든 미션을 조정하거나 수정할 필요가 있습니까?

가치

가치는 미션과 문화 속에서 분명하게 표현되어야 한다. 가치는 조직의 내부 행동규칙이다. 가치는 개인 및 직업적으로 모든 사람에게 적용된다. 잭 웰치

(Jack Welch)는 "사업을 하는 사람들은 미션과 가치에 대해 많이 말한다. 하지만 너무나 자주 결과가 실제 행동보다 더 많이 과장된다. 누구도 그런 방식을 원하지 않지만 두 단어에 내재된 고상함과 부정확으로 인해 항상 그렇게 끝나는 것 같다."라고 말했다.

코치는 조직의 가치가 정확하고 너무 높지 않도록 확실히 도와준다. 물론 누구나 정직과 진실성에 동의하지만, 조직이 따라야 하는 엄격한 가치와 행동은 무엇인가? 코치는 다음과 같은 질문을 할 수 있다.

- 비전과 미션을 이행하기 위해 어떤 가치를 따라야 합니까?
- 내일 회사를 세운다면, 조직에 어떤 가치를 부여할 것입니까?
- 어떤 가치가 기대감을 줍니까? 조직과 문화에 어떤 가치가 독특합니까?
- 이런 조직 가치에 따라 살아가는 자신의 모습을

상상할 수 있습니까?

- 이런 가치에 따라 살고 있는지 어떻게 압니까? 사람들이 당신의 가치에 따라 사는지를 평가하기 위해 어떤 조치와 과정을 실행할 것입니까?

- 가치에 대한 냉소를 어떻게 피할 것입니까? 핵심 가치를 어떻게 사회화나 제도화할 것입니까?

- 사람들이 조직 가치를 따르지 않거나 본보기로 삼지 않는다면, 어떤 결과를 감수할 의향이 있습니까?

대부분의 위대한 조직은 강한 비전, 미션, 가치로 구분된다.

아래의 예시를 살펴보자:

월트 디즈니사

비전: 궁극적으로 우리의 목표는 전 세계에서 가장 존경받는 기업이 되는 것이다.

미션: 디즈니의 미션은 항상 진실하게 모든 연령대의 사람들에게 가장 뛰어난 재미를 선사하는 것이다.

가치: 우리는 사업을 실행하고 윤리적 방식을 창출하며, 우리가 더 밝은 내일을 만들게 참여하도록 아이들과 가족을 고무시킴으로써 그들의 행복과 건강을 향상시켜 이 목적을 성취할 수 있다고 믿는다.

전략

전략은 길이나 계획과 같다. 전략 목표는 서비스 대상 고객과 함께 시장에서 성공하기 위해 중요한 가치와 경쟁우위를 더해 회사의 모든 주요 조직 자원을 활용하고 집중하는 것이다. 이 단계에서 코치는 조직 전략에 대한 추측에 도전하는 일을 한다.

- 어떤 전략이 조직의 미션, 비전, 가치를 완전히 이행할 것입니까?
- 현재의 전략이 어떻게 미션으로 발전합니까? 비전은 어떻습니까? 그리고 가치는 어떤가요?
- 경쟁자와 스스로를 어떻게 차별화합니까? 고객은 어떤 면에서 당신을 독특하게 봅니까? 왜 그

들은 당신에게서 구입하며, 제공하는 제품과 서
비스로 어떻게 경쟁우위를 유지할 수 있습니까?

- 가장 강한 경쟁우위는 무엇입니까?

- 이 전략에서 흥미 있는 점은 무엇입니까? 사람
  들은 이 전략에 동기가 부여되었습니까? 사람들
  은 영감을 받았습니까?

- 현재 비즈니스 상황은 어떠합니까? 전략은 현재
  상태와 원하는 비전 간의 격차를 좁히는데 어떤
  도움이 됩니까?

- 그 격차를 경쟁으로 좁히기 위해 어떤 핵심 자원
  이 필요합니까?

전략적 서사

전략적 서사는 리더와 매니저와 팀이 2년~5년에
걸쳐 미래 전략과 목표의 성취를 위해 전반적인 전
략의 복잡성과 양상을 분명하고 실용적이며 집중된
"한 장의 줄거리"로 개발하고 전달하게 돕는다.

- 당신의 전략적 맥락은 무엇입니까? 비즈니스를

12장 • 코칭에 대한 마지막 말

바꾸는 데 어떤 핵심 외부 힘이 영향을 줍니까?

- 고객과 이해관계자의 요구 사항에 따라 어떤 일을 해야 합니까?

- (이윤을 위한) 수익 모델은 무엇입니까? 또는 (비영리를 위한) 자원 발생 모델은 무엇입니까?

- 핵심 역량은 무엇입니까?

- 앞으로 2년~5년 동안의 비전 제시를 돕는 전략적 추측이나 전략적 목표 및 목적은 무엇입니까 (핵심 대상과 조치를 나열하시오)?

- 앞으로 2년~5년 동안 시장에서 성공하고 경쟁하기 위해 부서나 팀에 당신의 비전, 목적, 전략, 목표를 보여주고자 분명히 소통할 수 있는 명확한 한 장의 전략적 서사가 있습니까?

- 전략이 효과가 있는지 어떻게 압니까?

- 전략적 서사가 이해하기에 간결하고 쉽고, 흥미로우며 동기를 부여하고 현실적입니까?

전략적 목표(아주 중요한 목표, WIGS)

이 단계에서 코치는 올해 꼭 이뤄지지 않으면 그

어떤 것도 정말 그다지 중요하지 않은 한 개에서 세개 이내의 일련의 가장 중요한 전략적 목표인 한정된 "아주 중요한 목표"로 전략을 바꾸도록 리더를 돕는다.

여러분은 다음 질문을 통해 이런 목적에 집중하고 도달하게 팀을 도와줄 수 있다.

- 전략을 성공시키기 위해 무엇을 해야 하며, 측정 가능한 결과는 무엇입니까?
- 2차 목표와 반대인 절대적으로 해야 하는 1차 목표는 무엇입니까?
- 주된 아주 중요한 목표를 측정 가능한 숫자로 시작할 수 있습니까? 1개~3개 이내로 가능합니까?
- 각 목표의 성공을 어떻게 측정할 것입니까? 당신의 "X"(현재 상태)는 무엇입니까? 당신의 "Y"(원하는 상태)는 무엇입니까? X와 Y의 격차를 언제까지 좁혀야 합니까?
- 당신과 다른 사람들은 목표를 달성하기 위해 정

확히 무엇을 할 것입니까? 어떤 행동이 통제됩니까? 그 시간의 적어도 80%에 어떤 영향을 줄 수 있습니까?

- 스코어보드는 목표 달성에 참여한 모든 사람에게 분명하고 쉽게 접근이 가능합니까?
- 목표 획득 여부를 측정하고 볼 수 있습니까?
- 목표에 대한 진행 과정과 책임을 평가하기 위해 얼마나 자주 만날 것입니까?
- 팀 목표는 조직 목표의 달성을 위해 맞춰졌습니까?
- 목표 달성에 필요한 자원이 있습니까?

팀이 분명하고 측정 가능한 목표, 추적 시스템, 빈번하고 정기적인 책임이 없다면, 전략을 이행할 가능성이 거의 없다. 리더는 이런 것이 제대로 준비되어 있는지 확인해야 한다.

시스템, 구조, 과정(6가지 권리)

모든 팀은 핵심 작업과정이나 시스템이 있다. 일

부 팀은 팔고, 일부는 제품을 만들고, 일부는 규제하거나 회계 감사를 하고, 일부는 청구서를 지불하고, 일부는 직접적으로 고객에게 서비스를 하는 일을 한다. 코치는 시스템, 구조, 핵심 과정이 실제로 전략을 뒷받침하는지를 두고 리더에게 도전한다.

종종 핵심 과정과 관료적 구조는 낡은 패러다임에서 생겨나며 새로운 전략에 맞춰 재작업이 필요하다. 핵심 과정은 일을 더 효과적으로 만들고 서비스 품질을 향상하거나 에너지와 창의력을 억누를 수도 있다. 모든 과정은 먼저 고객이나 이해관계자의 요구로 시작한 다음에, 전략과 연결시켜야 한다. 코치는 다음과 같은 질문을 해야 한다.

- 당신의 핵심 작업 과정은 무엇입니까? 작업흐름을 정확히 설명할 수 있습니까? 팀원은 작업흐름을 설명할 수 있습니까?
- 예를 들어 단계별로 자세히 설명하는 서류처럼, 과정에 대한 물리적 증명이 있습니까?
- 이 과정으로 누가 서비스를 받습니까? 그 사람

들은 자신들이 받는 서비스를 좋아합니까?

- 현재 과정이 조직의 미션, 비전, 가치, 전략을 적절히 뒷받침합니까? 이유는 무엇입니까? 그렇지 않은 이유는 무엇입니까?

- 과정이 제대로 이뤄지는지 알 수 있는 지속적인 피드백 순환이 존재합니까?

- 이 과정은 조직의 다른 과정과 조정됩니까?

- 핵심 과정의 지속적 향상을 위한 과정이 있습니까?

- 핵심 과정은 리더와 별개입니까? 핵심 과정은 리더보다 더 오래갑니까?

인재, 문화, 그리고 신뢰 높은 행동

여러분은 목표 달성을 위한 미션, 비전, 가치, 전략, 목표, 핵심 과정을 갖고 있다. 이제 "인재 제도"를 평가할 때이다. 즉 여러분이 인재를 모집하고 개발하고 촉진하며, 문화를 형성하고 직원에게 보상하는 방법이다. 여러분의 사람들은 단연코 가장 중요한 자산이며, 코치는 조직이 최고의 인재를 확보

하고 그들의 재능을 활용하고, 미션과 고객을 위해
일하는 동안 올바른 가치의 본보기 등을 보장하는
일을 한다. 다음 질문을 하라.

인재

- 팀에서 일할 최고의 인재를 어떻게 유치하고 선
  정합니까?
- 고급 인재의 모집과 보유를 위해 더 유치하려면
  무엇을 할 수 있습니까?
- 알맞은 지위에 알맞은 사람이 있습니까? 어떻게
  압니까?
- 팀에 전략을 추진할 핵심 역량이 있습니까? 그
  렇지 않다면 어떻게 그 필요사항을 채울 것입
  니까?
- 핵심 인력은 누구입니까? 그들을 다음 세대의
  리더로 발전시키기 위해 무엇을 할 것입니까?
- 직원의 재능을 발견해서 활용하는 시스템이 있
  습니까?
- 각각의 핵심 인력에 대한 분명한 개발 계획이 있

　　　　　12장 • 코칭에 대한 마지막 말

습니까?

- 사람들의 역량 개발을 위해 가능한 알맞은 내부 또는 외부 교육 기회가 있습니까? 왜 있습니까? 왜 없습니까?

문화

문화는 대부분의 시간에 대다수의 그룹이나 조직에서 드러나는 일반적인 태도와 행동 특성으로 정의된다. 직원이 중요하고 신뢰받는 개인으로서 가치 있고 존중과 인정을 받는다고 느끼는 문화를 개발하면, 세세히 관리하는 접근 방식의 산업적 모델에서 벗어나 자기 주도적이고 성과가 높은 기업이 되도록 도와준다. 훌륭한 리더는 제대로 된 보상과 인정을 통해 올바른 성과 문화를 형성하는 법을 알기에 계속해서 그렇게 한다. 다음 코칭 질문은 리더가 조정된 문화를 형성하게 도와줄 것이다.

- 최고 인재와 뛰어난 성과를 어떻게 인정하고 보상할 것입니까?

- 보상제도는 미션, 비전, 가치, 전략과 맞춰져 있습니까? 사람들은 제대로 된 일에 대해 실제로 보상을 받습니까?
- "전체 보상제도"는 얼마나 단순하고 투명합니까?
- 각계 사람들은 공정 시장, 업계, 개인기여 방법을 토대로 공정하게 지급받는다고 느낍니까?
- 사람들은 보상 및 인정 제도가 높은 성과결과와 훌륭한 가치 준수로 측정됨으로써 공정하고 합리적이며 객관적인 기준의 바탕이 되었다고 느낍니까?

조직의 가장 중요한 목표가 개인의 가장 중요한 목표로 옮겨지는 데에는 차이가 있다. 심지어 개인 수준일지라도 조직이 어디로 가고 있고 성공을 어떻게 측정할 지 추측하는 일은 없어야 한다.

결과

물론 조직효율 주기의 요점은 더 좋은 결과를 위

12장 • 코칭에 대한 마지막 말

해 팀과 조직을 설계하고 조정해서 조직의 시스템, 과정, 문화를 진단하고 접근하도록 리더를 돕는 것이다. 코치는 리더가 조직효율 주기의 결과를 추적하고 계속해서 다시 찾도록 확실히 한다. 대부분의 리더는 조직효율 주기를 항상 생각하며 주기를 구성하는 도전적인 질문을 결코 멈추지 않는다. 여러분은 코치로서 다음 질문을 통해 이 과정을 시작할 수 있다.

- 조직효율 주기와 당신의 설계 작업을 토대로 주요 의도된 결과가 무엇일 것이라고 예측합니까?
- 가장 중요한 외부 결과는 무엇입니까?
- 가장 중요한 내부 결과는 무엇입니까?
- 주요 고객 및 이해관계자의 요구를 실제로 만족시켰는지를 어떻게 알 수 있습니까?
- 실제로 비전과 미션의 이행여부를 결정하기 위해 어떤 조치를 준비하거나 할 것입니까?
- 당신 조직은 조직의 핵심 가치, 행동, 역량, 문화를 분명히 정의했습니까?
- 조직이 가치에 부응하는지 어떻게 알 수 있습니

까?

- 문화 효율성을 어떻게 측정할 수 있습니까? 문
화 효율성을 측정하고 향상하는 데 어떤 구조를
갖추었습니까?

조직효율 주기는 경영진이 적절한 격차와 지속적
향상 기회의 접근에 초점을 두도록 조정하며 조직
을 돕는 이상적인 코칭 도구이다.

나는 대형 글로벌 회계법인에서 코칭을 하는 동
안에 파트너와 책임자에게 코칭 도구로써 조직효율
주기를 알려줘서, 몇몇 매우 어려운 조직 변화를 겪
는 동안 진단하고 설계하고 작업하기 위한 공통 언
어의 형성을 도와주었다. 그들은 이 체제를 적용할
때 이 도구 덕분에 매우 중요한 문제를 정해서 집중
했다.

- 그들은 변화에 시급한 토대를 마련했다. 그들은
사람들이 "전략적 이유"와 변화를 위한 비즈니
스 사례를 보고 이해해야 한다는 점을 알았다.

12장 • 코칭에 대한 마지막 말

사람들은 주요 격차 영역과 변화의 혜택을 이해
해야 한다.

- 그들은 원하는 미래 상태의 분명하고 강렬한 비
전과 변화 노력을 전하는 근거를 개발했다. 이
변화 노력이 어떻게 시장, 고객, 이해관계자에게
긍정적으로 영향을 주는지를 분명히 밝혔다.

- 그들은 수익모델과 어떻게 핵심자원을 활용하
고 전반적인 목표를 명확히 하는지를 전략과 연
관시켰다.

- 그들은 새로운 문화와 분위기의 양상을 확인했
다. 그들은 지지가치를 더 모범으로 삼아 살아가
기 위한 몇 가지의 핵심 격차 영역을 확인했다.

- 그들은 자세한 변화 소통계획을 시행했다. 그들
은 모든 조직 수준에서 효과적으로 메시지에 미
리 영향을 주지 않았다면 누군가 메시지를 통제
한 일을 알았으며 아마도 긍정적이지 않았을 거
라는 사실을 깨달았다.

- 그들은 변하는 동안 건설적이고 정직한 피드백
과 조언을 주는 쌍방향 의사소통과 대화 과정을
만들었다. 조직이 큰 변화를 겪는 동안 누구도

정답을 다 갖고 있지 않다는 사실을 알았다.

- 그들은 변화가 어떻게 다른 사람에게 도움이 되는지를 분명하게 돕고 지도하는 데 시간을 들였다. 또한 사람들이 새로운 역할을 받아들이고 완전히 이해하며 재조정하도록 시간을 주었다.

- 그들은 변화가 과정이고 하루아침에 완전히 변하지 않는다는 점을 받아들였다. 변화는 단거리 경주가 아니라 마라톤이다.

- 그들은 끊임없이 계속했다. 그들은 메시지를 계속 보냈고, 채택, 소유, 변화 이행을 하는 동안 사람과 과정과 계속 남았다.

- 그들은 정직하고 투명한 방식으로 두려움과 관심을 완화했다. 그들은 신뢰와 좋은 의도가 핵심임을 알았다. 그들은 사람들이 사전에 예방하고 직접적 영향력이 있는 영역에 남게 도왔다.

변화를 위한 몇몇 노력은 표면적이거나 단기집중 또는 근시안적이거나 전혀 계획이 잘 되지 않을 수 있다. 조직 변화 노력은 결코 쉽지 않다. 하지만 제대로만 된다면, 보상은 어마어마하다. 비판적이기

12장 · 코칭에 대한 마지막 말

는 하지만 변화에 대한 보상은 금전적인 현금과 이윤을 얻는 것보다 훨씬 중요하다. 코칭은 관계하고 함께 하며 동기부여를 할 수 있는 가장 강력한 도구로, 모든 직원을 최대한 활용한다. 조직의 각 개인은 코칭을 통해 확실히 변화 노력 속에서 자신의 역할을 알고 핵심적인 일을 담당하며, 그 변화 노력 속의 역할에 대한 권한이 있다. 코치는 팀과 조직이 변화를 학습하고 채택하고 재발견하며 나아지는 기회로 바라보고, 새로운 비전을 향한 전진을 위해 모든 조직적 자원과 구조적 변화를 조정하게 도와줄 수 있다.

조직효율 주기는 주요 이해관계자의 만족 및 결과, 비전, 전략, 성취 목표 등의 다양한 요소와 변화의 역동성을 더 잘 "보고 이해"하기 위해 포괄적인 렌즈와 도구를 제공한다. 또한 변화에 긍정적인 영향을 주는데 필요한 올바른 패러다임, 원칙, 사람, 문화에 아주 중요한 요구를 이해하게 도와준다.

코치는 리더와 팀이 변화의 이유와 목적, 참여해

야 하는 사람, 후원자, 성공적으로 탐색해야 하는
단계별 과정처럼 올바른 질문을 하도록 도움을 준
다. 코치는 리더가 이런 중요한 결정을 계획하고 실
행하게 도와줄 수 있다. 코치는 옆에서 안내하거나
어떤 경우에는 바로 참호 안에서 사람들과 조직이
위대해지도록 움직일 수 있다. 조직이 변하는 동안
에 코칭의 궁극적인 결과는 주요 사업 결과를 성취
하면서 동시에 직원이 일하면서 더욱 집중하고 생
산적이고 업무에 참여하고 만족하며 행복해지게 돕
는 것으로 나타난다.

12장 • 코칭에 대한 마지막 말

감사의 글

놀라운 사람들의 많은 지지가 없었다면 이 책은 나오지 못했을 것입니다. 내 잠재력을 열어준 모든 이들과 그들 주위 사람들의 재능과 열정을 계속해서 열어준 사람들에게 감사드립니다.

아름다운 아내 신시아와 네 명의 아들 재커리, 루크, 제이콥, 맥커리가 보내 준 지속적인 격려와 사랑과 지지에 감사합니다.

부모님인 스티븐과 베로니카 브랜드와 형제인 사브리나와 브렌트에게 깊은 감사의 말을 전합니다.

12장 • 코칭에 대한 마지막 말

돌아가신 아버지 케네스 G. 심슨과 긍정적인 영향을 준 다른 가족들, 조지와 루이스 심슨, 휴와 베스 브랜드, 데이비드와 빅키 리브스, 데이비드와 크리스티 리브스, 마크와 데비 리브스, 제프와 리사 리브스, 캠과 스테파니 패커 등에게 감사드립니다. 이들 각각은 가족과 신앙과 헌신의 중요성을 따릅니다.

고객들께도 감사합니다. 제가 상상했던 것보다 여러분에게서 리더십과 코칭에 대해 더 많이 배웠습니다.

컬럼비아대학교의 임원 코칭 인증 프로그램과 많은 이들에게 정말로 진정한 선생님이자 코치이면서 제 동료인 테리 말트비아 박사님께 감사드립니다. 그는 코치로서의 제 역할과 생활에서 가장 큰 영향을 주신 유일한 분입니다.

동료이자 친구인 파티마 도만의 코칭에 대한 전문적인 식견은 매우 귀중했습니다. 코칭에 대한 그녀의 헌신은 고무적이었습니다. 이 프로젝트에 대한 샘 브렉큰의 재기와 끈기와 지지는 대단했습니다.

이 책을 쓰면서 어려운 일이 있을 때 편집 지침과 의견을 주신 분들에게 감사드립니다. 브렉 잉글랜드 박사님, 딘 콜린우드 박사님, 테리 말트비아 박사님, 애니 오스왈드, 재커리 크리스텐센, 에코 가레트, 리차드 고드프리, 테라 데이비스, 스테파니 패커 등 많은 분들이 독특한 식견, 쓰기, 편집, 서식 설정, 기고문을 주셨습니다.

밥 휘트먼, 숀 코비, 숀 문, 토드 데이비스, 스코트 밀러, 스티브 영, 콜린 돔 등 프랭클린코비의 기업 임원진께도 감사드립니다. "모든 사람과 조직은 위대해질 수 있다!"는 우리의 비전과 미션을 둘러싼 여러분의 뛰어난 리더십 추구에 자극을 받았습니다. 이 책의 디자인, 개발, 배포, 마케팅, 홍보 등에 솔직한 피드백과 제안과 편집 개선사항을 줘서 비전을 갖게 한 토미 팍셀과 댄 번에게 특별히 감사드립니다.

　프랭클린코비의 국제적 파트너 분들께도 감사드
립니다. 여러분의 다양하고 열정적인 고객에게 이
런 많은 코칭 모델과 도구로 쇄신하고 가르치고 촉
진할 기회를 주셔서 감사합니다.

　또 선임 자문위원과 코치, 책임자, 실무 리더들에
게 감사드립니다. 고객과 지역 팀과 함께 원칙중심
리더십을 모델링하고자 하는 여러분의 바람이 이
책의 완성을 도왔으며, 많은 사람들의 삶에 긍정적
인 영향을 주었습니다. 고객 파트너와 동료들에게
감사합니다. 고객과 자문위원과 함께 신뢰받는 파
트너로서 고객 충성도에 대한 여러분의 헌신과 노
고는 전례가 없는 것이었습니다.

유엑스리뷰는 비즈니스 역량을 향상시키고 경험을 확장하는 데 도움을 주는 책을 만들고 있습니다. 많이 팔리는 책보다 꼭 읽어야 하는 책을 만듭니다. 언제나 여러분의 좋은 제안을 기다립니다.

잠재력을 깨우는 7가지 코칭 기술

비즈니스를 위한 코칭 리더십 바이블

초판 발행 2019년 4월 1일 | **1판 1쇄 발행** 2019년 4월 8일

발행처 유엑스리뷰 | **발행인** 현명기 | **지은이** 마이클 심슨 | **옮긴이** 한성희 |
주소 부산시 해운대구 센텀동로 25, 104동 804호 | **팩스** 070-8224-4322 |
등록번호 제333-2015-000017호 | **이메일** uxreviewkorea@gmail.com

ISBN 979-11-88314-14-0

UNLOCKING POTENTIAL